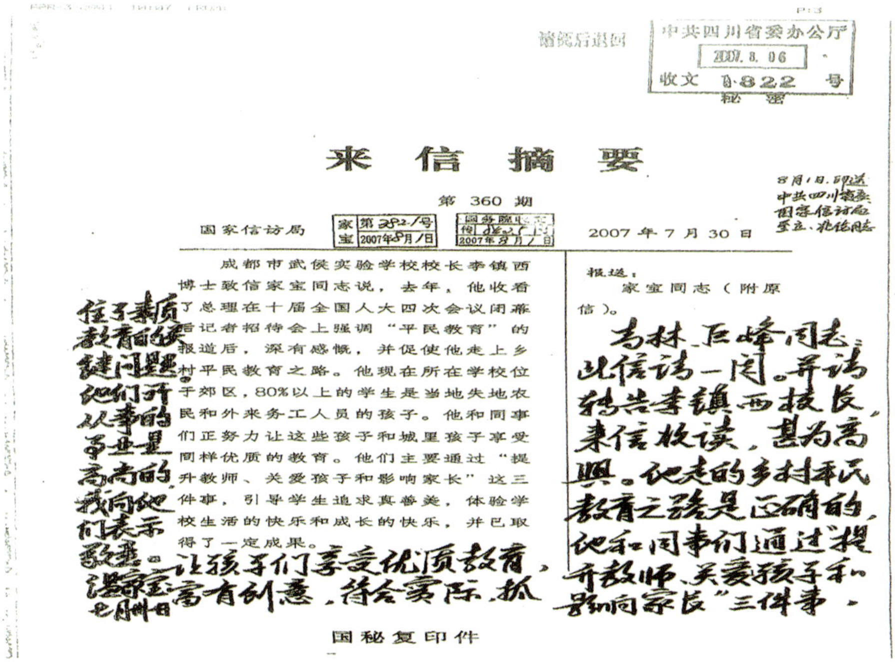

阅后退回

中共四川省委办公厅
2007.8.06
收文 1822 号
秘密

来信摘要

第 360 期

8月1日.印送
中共四川省委
国家信访局
坚立、兆能同志

国家信访局 | 家宝 第2821号 2007年8月1日 | 国务院收文 2007年8月1日 | 2007 年 7 月 30 日

成都市武侯实验学校校长李镇西博士致信家宝同志说，去年，他收看了总理在十届全国人大四次会议闭幕后记者招待会上强调"平民教育"的报道后，深有感慨，并促使他走上乡村平民教育之路。他现在所在学校位于郊区，80%以上的学生是当地失地农民和外来务工人员的孩子。他和同事们正努力让这些孩子和城里孩子享受同样优质的教育。他们主要通过"提升教师、关爱孩子和影响家长"这三件事，引导学生追求真善美，体验学校生活的快乐和成长的快乐，并已取得了一定成果。

报送：
家宝同志（附原信）。

高林、巨峰同志：此信请一阅。并请转告李镇西校长，来信收读，甚为高兴。他走的乡村平民教育之路是正确的，他和同事们通过"提升教师、关爱孩子和影响家长"三件事，让孩子们享受优质教育，富有创意，符合实际，抓住了素质教育的关键问题。他们所从事的事业是高尚的。我向他们表示敬意。温家宝 七月卅日

国秘复印件

温家宝总理的批示摘要。

我在语文课堂上。

| 2012年2月，我在新加坡南洋女子学院讲学。左起：林婉贞老师、本人、王梅凤校长。墙上挂着一个女孩的照片，她的脸上潜藏着学校每一个女孩子的面部特征，她是全校学生形象的缩影。

| 我和小学老师们在一起开心地合影。

我校运动会上，老师们气吞山河。

2001年6月，我读博期间，和朱永新老师在一起。

| 周一的升旗仪式上，老师和孩子们一起庄严地注视着国旗的升起。

| 我校老师集结出版了《每个孩子都是故事》。这是首发式上作者唐燕老师在谈自己的成长体会。

| 中午休息时，朱青老师在教室外辅导孩子。

我的教育思考

——李镇西30年教育感悟精华

李镇西／著

漓江出版社
·桂林·

图书在版编目（CIP）数据

我的教育思考：李镇西30年教育感悟精华/李镇西著.
—桂林：漓江出版社，2012.5（2023.9重印）
ISBN 978-7-5407-5636-9

Ⅰ.①我… Ⅱ.①李… Ⅲ.①教育工作—文集 Ⅳ.①G4-53

中国版本图书馆CIP数据核字（2012）第045037号

我的教育思考——李镇西30年教育感悟精华

作　　者　李镇西

出 版 人　刘迪才
策划组稿　文龙玉
责任编辑　章勤璐
责任监印　黄菲菲

出版发行　漓江出版社有限公司
社　　址　广西桂林市南环路22号
邮　　编　541002
发行电话　010-85891290　0773-2582200
邮购热线　0773-2582200
网　　址　www.lijiangbooks.com
微信公众号　lijiangpress

印　　制　天津嘉恒印务有限公司
开　　本　710 mm × 960 mm　1/16
印　　张　17
字　　数　200千字
版　　次　2015年1月第2版
印　　次　2023年9月第6次印刷
印　　数　17 001—20 000册
书　　号　ISBN 978-7-5407-5636-9
定　　价　39.80元

目 录

CONTENTS

总序

文学与教育齐飞

李镇西

那天和女儿聊天，我说："爸爸小时候的梦想是当作家，后来当了教师，我便把文学这种业余爱好融进我的专业，于是我有了一点成功的感觉和许多职业的幸福。"的确如此，现在的我既是四川作家协会的会员，又是中学语文教师，呵呵，感觉真不错。

我曾想，如果我单纯搞写作，很难成为优秀的作家；如果我单纯搞教育，也未必成为优秀的教师。现在我当然也不能说我是"优秀的作家"或"优秀的教师"，但是，会点儿写作同时又懂点教育，我就成了作家中会教书的，也是教师中会写作的。

十五年前，我曾应某语文教学杂志之邀写过一篇文章，题目叫《把文学梦托付给教育》。其中有这样的话——

1977年恢复高考时，我在知青农场填报的志愿虽然全是"师范学院中文系"，但我看重的并非"师范"而是"中文"。从小学起便在学校大批判专栏上"发表"过大量"东风万里红旗飘"之类"诗歌"的我，自以为是"文学爱好者"，理应进"中文系"深造。但是，当时我很少会想到，那"动机不纯"的"师范"二字将决定我后来的人生走向，而"中文"则似乎永远不过是一个"文学梦"而已。1982年2月我已经分配到了中学，心里却还惦记着如何把我"创作"的一篇反映实习生活的"中篇小说"变成铅字，以期引起哪位"文坛伯乐"的注目，然后把我这颗"文学新星”调到文联或作协。但是，充满蓬勃生机的校园生活，使我身不由己地融进了学生之中，并真诚地爱上了他们。我当然仍有点不甘心放弃“文学梦”，但是，对学生的钟爱不能容忍我因对“文学”的追求而对每一堂课有哪怕是一丝一毫的敷衍塞责！更何况，在学生的身上我渐渐发现教育其实有着不亚于文学的魅力！我应该也可以把“文学”与“教育”融为一体。

是的，“教育其实有着不亚于文学的魅力”！

现在，我从教快三十年了，我对此依然深信不疑，而且有了更深刻的感受：岂止是“不亚于”，文学与教育简直就是相通的——

文学如教育一样，着眼于人的灵魂，追求心灵的感动与激荡；教育如文学一样，充满激情、浪漫、意趣。

文学如教育一样，力求把人引向真善美，引向伟大、深刻与崇高；教育如文学一样，震撼人心，催人泪下，荡气回肠，余韵悠长。

如玉一般的赤子之心，如水一般的纯净灵魂，如山一般的英雄梦想，如海一般的浩渺胸襟……文学都具备。

诗歌一般的激情燃烧，戏剧一般的跌宕起伏，小说一般的惊心动魄，散文一般的从容优雅……教育均拥有。

因此，从某种意义上似乎可以说，一个优秀的作家，一定能够成为一名优秀的教师；反之亦然。

我还可以非常肯定地说，作家与教师是以不同的方式表达着对生命的理解，并影响着生命的质量——

作家以自己的作品影响无数的读者，让自己的思想与情感通过文字进入读者的精神世界；教师将每一个孩子当做自己的作品，在每个孩子身上倾注热情，挥洒生命，帮助他们把人生变成一首隽永的诗或一篇厚重的小说。

纯真，激情，妙趣，敏锐，深刻，浪漫，智慧，责任……这是教育的要义，也是文学的元素。“浓妆淡抹总相宜”“道是无晴却有晴”“为有源头活水来”“润物细无声”“此时无声胜有声”……这是文学的表达，也是教育的境界。

2010年2月我在新加坡讲学，新加坡同行问我：“为什么您的教育经历中有那么多的感人故事？”我说：“任何一个教师，只要他用心做教育，他的职业生涯一定会充满许多传奇！”比如，面对一个后进生，无论多聪明的教育者，也无法预料明天他会给自己惹什么祸事。教育的悬念由此埋伏，这增加了教育的难度，同时也增加了教育的某种乐趣。我们期待着每一天的“悬念”，进而研究、解决不期而遇的“悬念”，享受解开“悬念”后的喜悦，并将一个个小事件小细节小感悟等等及时记录下来，然后又期待着下一个“悬念”……这是一个跌宕起伏，有时候甚至是惊心动魄的过程。在这过程中，我们和学生一起在创作教育故事和生命传奇。这是文学的韵味，也是教育的魅力！

我的许多著作，比如《爱心与教育》《心灵写诗》等等就是这样创作出来的。这是文学呢，还是教育？

有些东西真的是说不清楚。当我梦寐以求想当“浩然”（我少年时代唯一存在的作家，当时中国很多作家都被打倒了）时，命运让我当了教师。当我放弃当作家的念头，专心致志地上课带班时，波澜壮阔的教育生活却让我情不自禁地拿起了笔，我写下一首首献给可爱孩子们的抒情诗，写下一篇篇表达我火热情怀的散文，甚至出版了一本本记录我教育故事的著作：不仅仅是我的《爱心与教育》《做最好的老师》《走进心灵》《风中芦苇在思索》《怦然心动》《心灵写诗》等三十多本引起同行共鸣的著作，还包括没有正式出版但真实记录我和学生共同生活和青春风采的《未来》《花季》《恰同学少年》《花开的声音》……这些作品对我和我的学生而言，是一段生活的定格，一页历史的缩影，一种精神的凝固，一份情感的珍藏，一簇创新的火花，一道理想的光芒，一串记忆的珠宝，一束青春的花朵。它们既是教育的，也是文学的。

更何况，无论是作家还是教师，共同的身份为“知识分子”，共同的责任叫“使命”，共同的理想是“推动人类文明进步”。

让文学与教育携手共进，越来越成为我坚定的信念。

于是，近三十年来，我左手文学，右手教育，除此之外，再无其他！就这样，理想共初衷一色，文学与教育齐飞，青春和童心为伴，生命携使命同行。我把一部部撼人心魄的文学作品连同一位位可歌可泣的人类英雄精神巨人铸进孩子们的心灵，用文学的激情点亮教育的理想，照亮孩子们未来的公民人生；同时，我用手中的笔书写自己的校园故事，让文学丰盈我的教育岁月，更让我微弱而执着的声音通过文学汇入改革时代的轰鸣潮声。

这一套《李镇西文集》算是我教育生活的文学见证，也是我文学表达的教育结晶。作为教育著述，也许它们谈不上“深刻”，但在我心里，每一句话都如文学般纯真而洁净；作为文学作品，也许它们算不上“优美”，但在我眼里，每一个字都如教育般严肃而神圣。总之，无论是把这套著作看做“教育”还是“文学”，其中的每一页都写着两个字：真诚。巴金说：“把心掏出来。”我当然不敢和巴金相提并论，但我也的确是把心给了亲爱的读者。

我愿意重复我以前写过的两段话，作为这篇序言的结束——

我不止一次地庆幸我是一个教师，因为与青春同行使我的心永远年轻；而且我特别庆幸我是语文教师，因为这使我能用一双“文学的耳朵”随时倾听“花开的声音”，并把这种世界上最美的声音用文字表达出来。

挽留青春，珍藏童心；挥洒情感，燃烧思想；从职业到事业，从幻想到理想；手足舞蹈于校园，心灵飞翔于社会——这就是我的生活！

2011年2月17日

PART1

第一辑　真教育，真幸福

教育需要一种平和的心态，教育者需要一种宽阔的胸襟。我特别喜欢苏东坡的《定风波》。“竹杖芒鞋轻胜马”的从容闲适，“回首向来萧瑟处，归去，也无风雨也无晴”的豪迈恬淡，应该成为我们教师的常态。

幸福比“优秀”更重要

在一次和我校一位年轻老师谈心时，我说：“作为普通教师，通过自己卓有成效的工作赢得世俗的名利——‘优秀’呀，‘先进’呀，‘学科带头人’呀，‘特级教师’呀，我们理应感到自豪，因为这是我们价值的标志之一。但是，由于种种原因，可能这些‘优秀’你都没有，也不要紧：我不‘优秀’，但我很幸福啊！这也就够了。”

我现在越来越坚定地认为，一个教师，是否“优秀”不是最重要的，是否“卓越”更无关紧要，最最关键的是，是否“幸福”。

所谓“优秀”，至少有两个含义：一是指我们做得比别人相对出色一些的工作及其成果；二是指我们获得的各种荣誉称号。不管是在哪个意义上使用“优秀”这个概念，我都认为幸福比“优秀”更重要。

如果是在第一个层面说“优秀”，那么我们总要和别人比较，因为“优秀”总是相对而言；因为比较（攀比），我们求胜心切，我们精益求精，我们永不满足，我们“欲壑难填”……当然，从积极意义上看，这正是我们上进心的表现，“永争第一”嘛！但同时，在这比较的过程中，我们渐渐失去了从容自如的心态，失去了“慢教育”的智慧，也失去了教育的优雅与情趣，甚至我们潜在的或者说沉睡的功利心渐渐苏醒，让我们备受折磨，于是，教育的幸福也不知不觉远离我们而去。

如果是在第二个层面说“优秀”，那么我们免不了要关注教育以外的人和事，因为“优秀”不能自己说了算，总得要人家来评比和选举。也许你的工作的确比别人做得好，去年高考你也“培养”（其实，哪是你一个人培养的啊）了一个县状元，于是你自认为优秀，可这次学校却只有一个“优秀”的名额，而还有比你更优秀的——和你同一教研组的一个同事今年还“培养”（？）了一个市状元呢！于是，这“优秀”的桂冠便落到了他的头上。你想“优秀”也不能。何况，如果你所在的学校风气不那么正，即使你的工作和成果的确出类拔萃，可是你不善于搞庸俗的人际关系，更不善于和领导拉关系，那无论是群众投票，还是领导推荐，人家就是不让你“优秀”！

想“优秀”而不得，怎么办？我的回答是，那就别管什么“优秀”不“优秀”啦，还是追求纯粹的教育幸福吧！因为——

“优秀”与否是别人的评价，“幸福”与否是自己的感觉。

我现在所任教的武侯实验中学有很多这样幸福的老师。比如邹显慧老师，几十年来就是踏踏实实地上好每一堂物理课，认认真真地带好每一个班集体，直到快退休才评上高级职称，可是她很幸福，因为面对学习基础和行为习惯都不甚理想的学生，她却取得了让人敬佩的教育成果；更重要的是，一届又一届的学生爱她。今年教师节那天，邹老师班的三个男生天没亮就起来，为他们敬爱的邹老师熬鱼汤，上学的时候三个男孩子小心翼翼地将热腾腾的鱼汤送到学校，放到邹老师的办公桌上。邹老师非常感动。中午，她把鱼汤热了之后又端到教室里去，让每一个孩子都品尝这份鲜美，分享这份情感！邹老师没有什么“拿得出手”的荣誉称号和“优秀”证书，但是她从不为此烦恼，反而随时都乐呵呵的，因为她幸福！

“优秀”教师是有限的，而且往往和机遇甚至人际关系有关；但幸福的教师有千千万万，而且就在我们身边，或者就是我们自己。

追求真教育

陶行知先生有一句话：“千教万教教人求真，千学万学学做真人。”以此来打量今天的教育，我以为，我们在某些方面，缺乏的正是一个“真”字——

我们平时在教育学生的时候，是否说过一些言不由衷的大话、套话或者连自己都不相信的假话？

每当迎接上级各种检查验收的时候，我们是否有许多自觉不自觉的弄虚作假？

当我们对学生提出各种做人的要求时，我们是否首先做到了？

我们教育学生言行一致，可我们自己是否说一套做一套？

在各种班会比赛、公开课比赛中，我们是否无意中在向学生展示“演戏”？

为了获得教育质量、班级荣誉，我们是否不择手段?

在搞教育科研课题研究时，我们真的是在老老实实认认真真做吗？或是明明平时根本就没做，但一到结题的时候却通过编造文章而“硕果累累”？

……

不要误以为我是道德完人因而无懈可击，因而有资格去指责别人，完全不是！上面的拷问也是对着我的心灵的。现在我一想到我经历过的假教育就脸红。但是，我愿意尽可能让自己的教育接近“真”。

所谓教育之“真”，起码意味着教师应该是一个诚实、真诚的人。不过我认为，我们完全可以赋予它更广泛、更深刻的含义，即教育内容的真实可信，教育形式的名副其实。让教育充满诚实，其道德基础是教育者人格的真诚。真诚只能用真诚来唤起，激情只能靠激情来点燃，信仰只能由信仰来铸造。尽可能（由于种种原因，我们只能做到“尽可能”）不欺骗学生——哪怕是无意的欺骗，这是我们最起码的教育良心，也是我们教育者的信心所在，更是我们教育的力量所在。

有一次我对一个教育同行说，我要追求搞真教育。他叹息道：“很难呀！”

他的叹息让我难过：怎么搞假教育那么轻松，而且堂而皇之，而要搞真教育就“很难”呢?

这个问题似乎是个高精尖的“科研难题”，但答案又似乎不言而喻，只是大家心照不宣而已。

在平时的教育中，我一边实践，一边思考，有时候思考得很痛苦，因为理想和现实的碰撞常常也震痛了我的心，不，简直就是撕碎了我的心。但我宁愿有着这种真实的痛苦也不愿意麻醉自己欺骗别人。于是便有了不少被一些人誉为“敢说真话”而被另一些人斥为“思想偏激”的言论。

按某些世俗的观点，我至今书生气十足，不能算一个“成熟”的教育者。但有一点我很自豪，那就是我至今还真诚地怀揣着我心中的教育理想，而且“居然”还想一点一滴把这理想付诸现实。有人说我的理想不过是“梦想”，但我要说，对于教育者来说，有梦想和没梦想是不一样的，精神状态不一样，行动方式也不一样。我当然知道，我的理想（梦想）也许只能有百分之一成为现实，即使如此，我也愿意倾尽全力付出百分之百的努力！我力图通过我的探索，给人们一个真实的展示：一个真诚的教育理想主义者，在现行教育体制下，究竟能够走多远。

在这个物欲横流的时代，我愿意守住自己的灵魂。这个“灵魂”，其实就是一颗朴素而真实的心。

你还可以更幸福

你工作已经八年，说起来还算青年教师，但恕我直言，我感到你的心已经开始老了。别不高兴我这样说，既然和你推心置腹地谈心，我就得说我的真实想法。那天在校园，一个学生对你说“老师好”，你则很漠然地爱理不理，脸上没有笑容，更没有回礼说“你好”，只是若有似无地点了点头。你想想，如果八年前你第一次来到学校，迎面而来的学生叫你“老师”，向你问好，你会怎样的激动？你会有一种自豪感：“哦，我是老师了！”这份纯真的感觉，是从什么时候失落了的呢？或者说，从什么时候开始，我们面对一个个学生，面对一堆堆作业本，面对教材，面对备课本，面对家长……我们开始厌倦了呢？每天早晨被闹铃吵醒，真不想起床呀！想到又是一天艰辛的重复性工作，实在是心烦；可是，如果时光倒流到参加工作的第一天，早晨醒来，一想到那紧张而充实的教育生活，那活蹦乱跳的孩子，以及孩子们脸上那天真烂漫的笑容，我们是怎样的期盼？又是怎样的精神抖擞？

在我看来，持之以恒乃至十年几十年如一日地保持第一次踏上讲台的那份纯真与激情，是任何优秀老师之所以“优秀”的第一条件，也是我们获得教育职业幸福的最重要的因素之一。

是的，如你所说，你的确遇到了很多很多困难，这些困难是你参加工作之初没有想到的。你说，读师范的时候，你想到过学生的调皮，想到过上课的挫折，甚至想到过被学生气哭，但就是没有想到，在应试教育的铜墙铁壁面前，曾经有的教育理想是那样的苍白无力！你读了很多教育理论著作，包括读了我的书，可是面对现实，面对学校和上级的种种这个“不准”那个“不准”，还有上面对“教学质量”的任务和指标，你感到自己被逼到了教育的悬崖绝壁，除了拼命抓分数，别无退路，可要命的是学生却不争气，一次次让你失望乃至绝望，于是你气不打一处来，什么“教育的本质是对人性的尊重”“教育是心灵的艺术”……这些从书本上学来的当初自己深信不疑的东西统统抛到脑后！于是，你不得不退缩，向你过去所不齿的“野蛮教育”缴械投降。于是，你很累，不停地喘息，有时还感到窒息。

我不想给你讲什么大道理——你不是说你已经看了很多书了吗？我只

想说的是，这一切就是“教育本身”。教育的复杂性，教育的艰巨性，以及教育过程的不可预测性……都在其中了。但是，教育的挑战，教育的智慧，还有你所期待的也就是我经常所说的“教育的幸福”也在其中了。打个不太恰当的比方，就像你爱上一个人，结了婚，你爱上的就不只是爱人的优点，包括爱人所有的缺点也接受了——甚至爱上了。从来就没有一个抽象的只有优点的爱人等待着你去爱。你爱的是一个完整的人！如果你打定主意和“教育”这个爱人厮守一辈子，那一切都是你的选择。否则，干脆“离婚”，而且趁早。

你可能会说：“李校长，你说的我都同意。但你说了半天，并不解决我的实际问题呀！”

错了，问题只能你自己去解决。我只能帮你分析，我可以建议你改变思维方式，拓展胸襟与视野，调整好心态……可最终问题的解决还得靠你自己。关于“理想与现实的冲突”，我很有共鸣。我也是从年轻时代走过来的。你说的一切我几乎都遇到过。其实，凡是有理想有良知的教师，都曾感叹：“面对现在的教育现实，要实现自己的理想，简直就是戴着镣铐跳舞！”我们的失望乃至绝望，很多时候是因为我们欲打碎“镣铐”（彻底改变教育体制）而不得。其实，这里应有一个思维方式的转换：作为一个基层的教育者，无论校长还是教师，要打碎“镣铐”是不可能的，这也不是我们的任务与使命；既然“镣铐”不可能打碎甚至卸下“镣铐”都不可能，那我们要思考的就是，如何在“镣铐”的束缚之下把舞跳得相对自如一些甚至优雅一点。作为校长，我无法改变大的教育现实，但我想的就是如何在现有框架下，尽可能做一些自己可以做的事？比如“新教育实验”所倡导的“六大行动”，我是可以做的——我们的书香校园不就建起来了吗？这和所谓“体制”不冲突啊！还有我狠抓教师队伍建设，采取一些激励措施提升教师的教学质量，这也和“体制”没有直接的冲突。没有“镣铐”，我也许可以实现我教育理想的百分之百；戴上“镣铐”，我却只能够实现我教育理想的百分之十甚至更少，但总比一点都不做要强吧？你作为一名教师，考试制度无法改变，教育评价无法改变，教材无法选择，学生无法选择，但是教育教学过程的手段、方法、技巧以及你走进学生心灵的路径、方式却是可以改变或选择的。给你一个班，作为班主任，在不违背上级总体要求的前提下，如何让这个班充满生机，富有特色，尤其是对孩子富有吸引力，给孩子的未来留下温馨而富有人性的记忆？在这些方面，你都不是一点创造的空间都没有的。从某种意义上说，在现行教育体制下，真正的教育艺术，就是“戴着镣铐跳舞”的艺术。在与应试教育的“周旋”（“周旋”就包括了应对与超越）中形成自己的教育个性，就是我们的教育大智慧。著名的教育名家魏书生老师，不就是在应试教育的荆棘丛中走出了一条属于自己个性的路子吗？他是我们这个时代的最杰出的教育舞者。

真不是当面说你好话，你的确相当有潜力——具备了成为优秀教师的潜质。但我现在对你并不满意，或者正面说，我对你的期待依然强烈甚至焦灼。不是说你现在就是不好的老师了，其实你现在也不错的——尽管你现在有着明显的职业倦怠，但你依然尽心尽责，教育教学常规，那是没说的！如果你本人的素养能力只能这样了，那我也就认了。可你明明可以更加优秀的啊！你也许会说：“我不追求什么‘优秀’，平平淡淡才是真。”你又错了，我说的“优秀”，不是说你一定要“出人头地”“名扬四海”，而是你要让自己每一天的工作乃至你的人生更加有成就感，更加有滋有味。这里的“优秀”不是“对外”，不是你要做给别人看，而是你要对得起你自己，是“对内”，对自己的心灵世界。即使同为蜗牛，每天只在地上爬，与坚持不懈地爬上金字塔顶，这两只蜗牛的感觉绝对不一样。何况我们不是蜗牛，我们是人，是有尊严的人！如何赢得自己的尊严？尊严就在每一天平凡的工作当中。再说了，我们通过优秀的工作赢得世俗的名利，也不可耻呀！这本身也是我们价值的标志。如果你真的做出了实实在在的成就，产生了社会影响，各种名利自然会来找你："特级教师"呀，"教育专家"呀，"全国模范"呀，"特殊津贴"呀，等等。到时候，你也不要觉得不好意思：靠自己的人品、良知、辛勤、智慧让自己增值，有什么不好意思的！你应该感到光荣与自豪！当然，哪怕这些都没有，不要紧：我不"杰出"，但我很幸福啊！和现在相比，你完全可以更幸福的。

按世俗的观点看，我现在"功成名就"，我再怎么干，也很难再得到什么了；当然，我只要不犯错误，哪怕平庸一些，也不太可能失去现有的什么。那我何苦还要当这个"吃力不讨好"的校长呢？并没有谁端着枪逼着我当校长呀！这个校长完全是我自己想当的。因为我总想不断地挖掘我的潜力，我总想不断挑战自己：看我在教育上能够走多远？我对我这个校长定了一个成功的标准：那就是教师的成长乃至成功。无论做班主任还是教语文，我算是有了较大的成功感。但是我还有一个最后的梦想：就是希望在我的引领下，能够有一批甚至一大批老师成长起来，成为真正幸福的教师！到这个学校来当校长三年多，已经有不少老师让我感到了信心，看到一些原本工作平庸的老师越来越出色，我发自内心地感到欣慰。开学这几天，老师们的精神面貌明显发生了可喜的变化，我非常开心。同时也给了我越来越坚定的信念：要无限地相信老师的潜力！那天晚上在网上和一个老师聊QQ，这个老师说了一句话："老师要以发掘学生潜力为工作的一个重点，要自居伯乐。"我马上说："我俩在不同的层面上，遵循同一个道理。你是老师对学生，我是校长对老师！"这个老师接着说："也许，你错过的是一个有潜力的学生。但是如果缺少老师的发掘，这个学生也许就错过了自己的一辈子！”这话说得真好！我立刻仿照这句话回复过去：“也许，你错过的是一个有潜力的老师；但是如果缺少校长的发掘，这个老师也许就错过了自己的一辈子！”你就是我“发掘”的对象，呵呵！你的成长，就是我的成功！我期待着你不断给我当校长的成就感。

今天拉拉杂杂说了这么多，从你同样真诚的眼神中，我相信你已经体会到了我的苦心。既然你接受我的这些观点，愿意自己更加幸福，那我以后就要“逼”你了——在继续严格要求做好各项常规的同时，我还要逼你思考，逼你读书，逼你写作，逼你上网……你做得好，我会在大会上表扬你——不要怕我表扬你啊！但你如果犯了错误，我也会批评你，甚至把你骂得狗血淋头，呵呵！当然，如果我做错了，你一样可以当面批评我，当面骂我。但请记住，即使我和你吵架，我也永远不会失去对你的信心。总之，我会随时关注你的，永远做你事业上的精神支柱。你有了什么困难，随时可以找我。我就是你的110。

胸襟再开阔一些

小伙子，看了你最近发表在某报的一篇谈成长经历的文章，我有些不安。

作为现在小有名气的青年教师，你的自豪我非常理解，而且我也很钦佩你的教育追求，甚至为你成长历程中为追求理想而百折不挠的精神所感动。你在叙述你刚参加工作时，用了不小的篇幅诉说你先后经历的校长对你的“压制”以及你的“抗争”。你很单纯，我相信你在“控诉”这几位校长的时候，主观上并没有想过要贬低他们，你只是尽量客观地讲事实，以展示自己的“不容易”而已。但是，你现在是有一定影响的教坛新秀了，别人看了你这篇文章会怎样想呢？噢，你现在功成名就了，那几个曾经压制你阻挠你的校长至今还在乡村学校，你可以以胜利者的姿态去傲视甚至蔑视他们了。而且，你说那几个校长当初如何如何“跋扈”如何“霸道”，都只是你的一面之词——也只能有你的一面之词，因为那些乡村校长不太可能和你一样有机会发表文章，用比较时尚的术语说，叫没有你现在拥有的“话语权”。你现在说的话媒体可以为你放大很多倍，扩散到很远很远，而他们的声音根本传不出小山村。这对他们来说是不公平的。因此，你这样说，实际上损害的是你的形象。

千万不要误会，我不是要教会你“圆滑世故”，不是说句话写篇文章都要考虑别人如何想。其实，即使曾经压制过你的那几位校长不可能看到你的文章（对于身处偏僻乡村的他们来说，这种可能性很大很大），你也不该这样写。这不是文风问题，更不是处世方式问题，而是胸襟和境界的问题。

我不是说你说的那些校长没有错，我相信你说的都是事实，我相信那几个校长也许有些思想僵化，心胸狭隘，作风霸道——只是我不相信他们会有意“整”你。我表达的意思是，对你来说，这么多年过去了，如何看待你曾经的曲折经历，如何对待那几位校长，这体现出你的成熟程度，更考验着你的境界，而这种成熟和境界，将决定你最后能够走多远。

刚才我说了，我不相信校长会有意“整”你。的确如此，无论他们如你所说是多么“呆板可笑”“嫉妒心特别强”，我都认为，一个校长还是希望学校好，还是希望年轻教师优秀——至少他们第一次和你见面，是不太可能就对你有什么成见的。当然，随着时间的推移，工作中的争论、摩擦乃至观念冲突是可能的。但我们不能动辄就把自己和校长的矛盾往道德上去靠，把校长想得那么“坏”。我也不否认的确有极个别的如同土皇帝一般的乡村校长，但你怎么连续调几所学校，都遇到“坏校长”，你的运气是否就那么糟糕？这究竟是校长的原因，还是你的原因？我认为都有，但对年轻教师来说，还是应该反思一下自己。

我经常收到不少年轻老师的来信，诉说自己的苦恼——校长观念陈旧思想保守呀，理想不被校长理解呀，校长处处给自己设置障碍呀，等等。我想到我的经历。在我成长历程中，也经历过好几位校长，也曾有过“成长的烦恼”。这里，我给你讲讲我的故事吧！

我最初参加工作的那几年，和你一样非常纯真，只想着把班带好，把课上好。我脑子里面有许多想法，身上洋溢着永不消退的热情：把学生带到大渡河边上作文课，语文课上给学生读小说，给作曲家谷建芬写信请她给我们“未来班”谱班歌，假期带着孩子全国各地去旅游，甚至还和学生一起去原始森林探险……校长一方面赞赏我的工作干劲，同时也提醒我不要“太理想化”，还有个副校长甚至语重心长地提醒我：“不要和学生太随便了，要注意你毕竟是老师！”开始还是好心地劝说，因为我很固执，所以后来便发展为面对面的冲突。

有一次期中考试，学校为了防止作弊，要求每班都安排一半学生到另一个年级的教室里去考试，即所谓“混班交叉考试”。但我坚决不从，我觉得我班学生早就可以不需要监考老师而实行无监督考试了，如果我按学校的要求做，那简直是对我班学生的不信任甚至侮辱！我和校长吵了一架，硬是没有让我班一个学生到外班去考试——也就是说，那次考试，只有我班学生是整整齐齐坐在本班教室考试的!

不能说我当时没有委屈感，但过后我冷静一想，校长和我的冲突，并不是校长要和我这个人过不去，而是认识上的分歧：校长考虑问题的出发点是防止作弊，而我首先想到的则是相信学生并保护学生的自尊心。而且，这种思考问题的角度不同，说到底还是因为各自所处的位置不同：作为一校之长，校长更多的是考虑全校的考试秩序，考虑如何防止大面积作弊现象的出现；而我作为一个班主任，则只考虑我班上的学生的童心如何不受伤害。这事如果放到现在，我会服从学校大局的，同时我会给学生解释，学校这样做是统一部署，而不是对我班同学不信任；事后我也会认真地向校长阐述我的想法：不能因为极少数人作弊，就不信任绝大多数学生；要尽量避免在防止个别人作弊的时候，伤害大多数学生的童心；有时候信任学生恰恰是防止作弊的方式之一。放弃和校长正面冲突而和他多沟通，我这样做不是圆滑，而是真正的理智和成熟。

类似的冲突还有很多，现在想来，正是这些冲突以及冲突后的反思，让我成长起来。前不久一位记者去采访乐山一中老校长，老校长对记者说：“刚参加工作那几年的李镇西，就像《亮剑》中的李云龙一样，优点突出，缺点也不少。让我又爱又气！”说实话，当初我是恨过老校长的，但现在我发自内心地感谢老校长对我的一次次敲打。

后来我调到省城一所中学，也和校长发生过不少冲突。比如，我带班一直致力于培养学生自我管理能力，所以特别不接受学校要求班主任时时“到场”守着学生；又如我的作文教学提倡教会学生修改作文，因此自己经常不批改作文……这些“改革”举措会遭遇学校管理层怎样的批评可想而知。但我那时候已经比在乐山一中成熟多了，我比较能够理解校长的难处——如果他“放纵”了我，也许真有本来就不负责任的老师就会钻空子，打着“改革”的旗号放任学生自流。所以，我没有埋怨校长不理解我，而是做出了成绩，让校长放心，并给我“特殊政策”允许我进行“教改实验”。我真感谢校长！不过我觉得从某种意义上说，这些“特殊支持”是我的成熟和成绩赢得的。那年带高三，我班的高考成绩可以说是异常辉煌。试想一下，如果我一开始就和校长吵架，同时我的工作成绩一塌糊涂，那校长是永远也不可能支持我的。

用一般人的眼光看，这位校长后来挺“对不起”我的——当然，也有人认为是我“对不起”他。主要是在那所学校工作六年半之后，我因故要求调离学校，而校长坚决不放人。但经过一番“挣扎”，我最后还是离开了他。他的愤怒可想而知。于是，以前他对我的所有欣赏，都变成了对我的鄙视。他在不同场合说了一些比如“人品很差”之类对我很有伤害的话。但我始终保持沉默，至今没有说过一句他的不是。我总是这样想，不管怎么说，他是有恩于我的，是他把我从小地方调进省城，给我一个更开阔的发展空间，我没有理由恨他。他的年龄，他的经历，他特定时代所受教育给他的观念，都决定了他必然把我当做他的“私有财产”，认为我应该终生效命于他；而我一旦要求调离，他自然认为我“忘恩负义”“翻脸不认人”，气愤之中，说一些难听的话，我完全理解。因此，虽然他后来很长时间根本不理我，我照样在每个元旦前夕给他发贺年卡，每次我出版了新书都给他送去——尽管每次他都不那么热情让我很尴尬。每当听到有人给我转述他说我的坏话，我总是想他曾经给我的支持，想我第一次到学校时他亲自抱着我的行李包一步一步走上五楼休息室的情景；我总是抱着一个信念：老校长毕竟是一个好人，他总有一天会理解我并原谅我的！果然，十多年后的一天，他突然来电话向我问好，听着他的声音，我有些激动，声音发颤：“老校长，谢谢您的宽容！您多保重身体！”那以后好几天我心情都特别舒畅，因为这个世界上少了一个恨我的人，何况这个人是我事业的恩人！

其实，我的经历中也的确遇到过个别曾经给我穿小鞋的领导，但我依然感谢他，因为正是有了他对我另一种意义的磨砺，我的性格才会更加坚韧，我才会有了今天的一些成就。从这个意义上说，“感谢折磨你的人”这句话真是有道理的。

“只有大胸襟，才能够做大事业！”我想到了我的导师朱永新老师这句话。朱永新老师作为现在国内知名度极高的教育专家，以他的个人魅力和教育思想影响了许许多多教育者；同时，他又是全国人大常委、民进中央副主席。在旁人看来，他的事业无疑是很成功的。但我认为，朱老师首先是做人的成功——而在他的做人之道中，最重要的是他胸襟博大。在苏州大学读博的时候，我就从师兄的口中了解到，朱老师的豁达大度是他所有的同事和学生都很佩服的。他不是没有遇到过挫折和刁难，但正是这些挫折和刁难拓展了他的胸襟。他做教务处长的时候虽然把苏州大学教务处建设成为了全国最好的大学教务处，受到教育部的表彰，但是有人不理解他、不支持他，甚至还打击他，但是他不但没有与这些人发生过冲突，反而这些人最终成为了他的好朋友。当年评副教授的时候，尽管朱老师学术成果显赫，但因为年轻，所以被一位信奉“论资排辈”的领导压制，坚决不同意破格聘任朱永新为副教授。几年后，这个领导“倒霉”了，“下课”了；有人来向朱老师调查那人的情况，朱老师不但没有落井下石，反而说那人的好话。后来，朱老师还专门到那人的家里去看望他，安慰他，让他非常感动。朱老师就是以这样宽阔的胸襟赢得了几乎所有认识他的人的由衷尊敬，他的新教育事业因此而越来越兴旺。朱永新老师常常告诫我们：“要学会做学问，首先要学会做人，而做人首先要学会与人相处，要与人为善，要豁达大度，要以德报怨，你最终才能有所成就。”

听我啰嗦了这么多，不知你是否有所共鸣。你换一种眼光，重新看待你在文中所“控诉”的那几个校长，可能会有新的感受。作为一个男子汉，你要尽可能善待一切人，包括忍受各种委屈，须知男人的胸襟就是被各种委屈撑大的。我不是说无原则的逆来顺受——如果真的事关原则，那还得按规则办，包括通过法律解决；问题是，生活中哪有那么多的“原则问题”？很多时候，事情的大小完全是我们自己的心态决定的。现在很多看来令自己咬牙切齿、让我们“实在咽不下这口气”的人和事，再过五十年，当我们白发苍苍的时候再看，真的是微不足道，如烟如风而已。我越来越觉得，人与人之间的距离，说到最后就是人格的距离，其中胸襟便决定了我们人格境界的高下。斤斤计较于一些不平事，耿耿于怀于一些“整”过自己的人，在事业上无论如何是走不远的。教育需要一种平和的心态，教育者需要一种宽阔的胸襟。我特别喜欢苏东坡的《定风波》。“竹杖芒鞋轻胜马”的从容闲适，“回首向来萧瑟处，归去，也无风雨也无晴”的豪迈恬淡，应该成为我们教师的常态。你说呢？

重建教育理想

我们曾经经历了一个侈谈“理想”的时代。在物质极度匮乏的季节，我们期望用“精神变物质”，连小学生的作文都是“祖国·理想·人生”，人们真诚地写着“雷锋日记”，甚至渴望第三次世界大战爆发，好一举解放全人类。侈谈“理想”到了极致，假崇高、伪圣化便应运而生。最后，“理想”被抛弃。

我们正在经历一个耻谈理想的时代。对假崇高的消解，使人们开始“躲避崇高”；对伪圣化的厌恶，使人们开始拒绝理想。在有人光天化日下可以理直气壮地说“我刚从监狱里放出来”的时代，我们却羞于说“我有理想”。连中学生的作文，也透着玩世不恭的痞子味，新派教师名之曰“新概念作文”。

我们的教育正在功利化、技术化、庸俗化。每一位教育者都在咬牙切齿地诅咒现在的教育，但每一位教育者（当然包括我在内）都在助纣为虐!

也有“改革”。比如班平均分未达到年级平均分的老师一律下岗，比如以办各种试验班为名留住（扣住？）“优生”，比如将名次与座位挂钩，比如将分数与利益挂钩，比如在入学教育课上给学生讲“读书只是为了自己”，比如曲解“学会生存”的真义而对学生进行各种“适应社会”的“竞争教育”、“金钱教育”，等等。

教育不是远离现实社会的空中楼阁。因此，我非常理解以上种种做法的原因。因为我也曾（或者说“正在”）这样说这样做——我也不是生活在真空之中呀！比如，最近几次在外“讲学”，不止一次有老师递上纸条发问：“请问李老师，应该怎样将应试教育和素质教育有机结合？”我总是这样回答：“初一初二或高一高二搞素质教育，初三或高三搞应试教育！”我话音一落，总是掌声如雷。我的回答是无奈而又实用的回答，但我只能这样做这样说。

在我的教书生涯中，1990年是我的滑铁卢。那年高考，我所在的地区全面滑坡，我所教的班级尽管在当地仍然名列前茅，但毕竟没有取得人们所期待的李镇西应该取得的“辉煌成绩”。分数线下来后的那几天，我的心如刀绞——不仅仅是我感到背后闲言碎语所喷出的唾沫足以把我淹死，更主要是我看到许多农村学生从此断绝了“跳农门”的希望（我在《爱心与教育》中所写的宁玮就是那一届学生），深感对不起他们!

1995年我的又一批高三学生即将步入考场。我为他们编撰了一本班级风采录《恰同学少年》，在前言中这样写道——

常说“不以成败论英雄”，但这话在中国似乎从来就未真正做到过。就目前中学教育而言，“成”的标志，从理论上讲，是学生德智体的全面发展；但事实上，“成”的唯一标志只是学生们的升学分数以及学校的升学率。这使许多有志于教育改革的人，虽然胸怀教育科学与教育民主的顽强信念，却不得不在“升学教育”的铁索桥上冒着“学生考不上大学一切都是白搭”的舆论“弹雨”，艰难而又执著地前行！

这是一种很不正常的教育评价：假如某位班主任的工作富有特色（比如班级管理尽可能交给学生，平时尽可能开展各种有益于学生全面发展的活动等等），尽管在当时就可以判断出这些做法是符合教育规律的，但周围舆论仍然会自然而然地把目光投向几年后的高考：“工作倒是蛮有新意的，可万一高考滑坡怎么办？”“哼！就会搞一些花花哨哨的东西，到时候高考可有好戏看了！”……几年后，假若学生高考成绩不错，人们会齐声喝彩：“你看，人家的班级管理那么放手，而且又搞了那么多的班级教育活动，高考成绩仍然这么好，他确实有两下子！”相反，若高考成绩不理想或低于人们的期望值，同样的人也许会说：“班级管理那么松散，还搞了那么多与高考无关的活动，高考当然会砸锅——我早就料到了！”

于是，在当代中国，几乎任何一位“优秀教师”“优秀事迹”的辉煌大厦，都必须以其班级大大高于所在年级、所在地区平均水平的“升学率”作为支撑的主要栋梁，否则，他的一切教育思考、探索与创新都等于零！

不能简单说这种社会评价舆论完全不合理。因为在中国这个人口压力极大的国度，升学是人们今后就业竞争乃至生存竞争的最重要也是最关键的途径；而且，使学生具有较高的科学文化素质，也是教育的重要目标之一。但是，这毕竟不是唯一的目标！特别是在“升学教育”压倒一切时，不但“做人第一”、“全面发展”、“发展个性”等教育要义成了点缀的口号，而取得较高升学率所付出的代价，往往是学生个性精神的丧失！没有个性的教育必然培养出没有个性的学生——缺乏心灵自由，丧失主体人格，不会独立思考，毫无创造精神！长此下去，我们的民族是很难真正屹立于世界强盛民族之林的。

马克思常用“人的解放”来说明共产主义革命的最终目的。时代发展到今天，我们有理由这样认为：从某种意义上讲，没有“教育的解放”，就谈不上“人的解放”！——正在告别20世纪走向新世纪、渴望现代化、渴望在世界上彻底扬眉吐气的社会主义中国，尤其呼唤这种“解放”！

当我写这段文字时，心里还笼罩着5年前高考失利的阴影，所以我是有感而发。如果老师们知道以上这段文字是我在高考前夕写下的，就更能理解我当时的惴惴不安，不，应该说是惶恐不安的心情——谁知道等待我的又是怎样的结果？因为无论对学生还是对教师，高考实在是一场赌博！

所幸这次我赌赢了——我所教的班级高考成绩极为辉煌！但回头仔细一想：无论是90届高考还是95届高考（需要说明的是：我是“大循环”，所以教了90届后我便接了一个初二，然后一直教到高三），在教育思想、教学方法等方面我没有多大的不同。但由于高考成绩的不同，人们对我同样的做法却产生了截然不同的评价。

分数至上，高考才是硬道理！——这就是现实！这就是我作为一线普通教师至今不能解下的精神镣铐！

但是，如果我因此而“认命”，那么——不客气地说——我就不是李镇西了！即使在我最绝望的时候，我也用马克思夫人燕妮所喜爱的一句话（这句话我也经常给我的学生说）激励自己：“永不绝望！”我可以很坦然甚至很勇敢地说：“我是有教育理想的！”每当我充满热情的探索一次次在现实的岩石上碰得血肉飞溅时，每当我感到个人的力量的确是那么孱弱那么微不足道时，每当我被一些丑恶的教育现实压得喘不过气来时，我总是一遍又一遍地问自己：“我是不是做到了我可以做到的一切？”

因为从我参加教育工作的第一天起，我就经常提醒自己：“我是一个知识分子！”在我看来，“知识分子”这四个字首先意味着一种没有理由不求回报甚至不求理解的神圣的使命感！我一开始就在我的教育事业中倾注了我的社会理想。我想，也许我一辈子都是一个班主任和语文教师，但这不妨碍我以自己点点滴滴的奋斗推动着中国教育的进步，进而推动着中国的进步！

恳请“务实”的朋友们不要嘲笑我“大言不惭”“故作崇高”。我知道为了坚守我的理想，我将付出什么或者说将作出什么牺牲。这是一个一切都正在被颠倒的时代：精神被物质调戏、理想被现实嘲弄、崇高被庸俗强奸、正义被邪恶围剿、真诚被虚伪斩杀……而调戏者、嘲弄者、强奸者、围剿者、斩杀者们打出的旗号，往往冠冕堂皇，所谓“人的解放”，所谓“个性张扬”、所谓“现代意识”……教育离不开社会，这是对的；但教育并不只是消极地受控于社会。我经常提醒自己，我不能左右社会，但我可以左右我自己的精神。

在一个价值多元化的时代，我们不能够要求每一个人只能做同样的选择；换句话说，每一个人有权选择自己的生活方式和对职业的态度。因此，我们尊重千千万万一线老师由于种种原因而对现行教育弊端的妥协，比如，对于那些至今都还不能按时领到工资的老师来说，这样的妥协是一种生存策略。但是，中国教育也的确需要一批乃至一代把教育当做事业而不仅仅是谋生饭碗的教育者。他们应该有直面现实的勇气，有超越苦难的精神，有披荆斩棘的双手，有遥望未来的眼睛；在他们的心中应该永远燃烧着教育理想主义之熊熊火炬！

我再一次想到了陶行知。固然，我们今天面临的一些困难是陶行知时代所没有的，但陶行知当年所面临的种种压力也是相当沉重的，他有时甚至会付出生命的代价。其实，陶行知本来已经拥有了相当尊贵的社会地位和相当优裕的生活待遇，他完全可以很体面地在那个社会生活得如鱼得水。但是，陶行知硬是放弃了他所拥有的一切，唯一留下了他对中国教育所寄予的理想主义，然后脱下西装，奔赴乡村，用自己的教育探索，像那个风雨如磐的时代发出了呐喊，进行着抗争！20世纪上半叶的中国教育因此而有了一些亮色，中国因此拥有了一位饮誉世界的大教育家！

不可否认，今天的教师，特别是一线教师教育个性的空间是非常狭小的，但是不是到了窒息的地步？我们可以（实际上是不得不）对现实做些妥协，但在妥协的同时，可不可以巧妙而又稳妥地向理想一寸一寸地逼近？比如，在高考压力下，我们也不得不进行一些应试训练，但这个训练过程能不能科学一些而不是那么野蛮？有时候，面对无休止的上级检查，为了学校荣誉，我们也不得不和学生一起弄虚作假，但同时，我们可不可以同时告诉学生："希望以后你们当了局长、厅长，千万不要这样！"我们无法选择教材，但我们可以选择教法；我们无法躲避高考，但我们可以躲避题海——当然，在这里，"可以选择"和"可以躲避"的前提是，教师本人不但富有爱心而且拥有智慧。是的，现在的教育充满了"实用""功利"的色彩，但我们可不可以在为学生打造高考敲门砖的同时，也给他们一些精神的东西？我们在教会学生适应社会的同时，能不能也给他们的心田里播下改造社会的理想种子？不要说"这没用"，更不要说这是"虚幻的梦想"，如果没有理想的教育，中华民族就没有了明天！

人类之所以需要教育，就因为人类永远都不满现实；教育本身就意味着对现实的超越。"理想"往往被视为脱离现实的"乌托邦"，但人之所以不同于动物，就在于人有对明天的向往，对"乌托邦"的憧憬。国际21世纪教育委员会主席雅克·德洛尔给联合国教科文组织提交报告的序言，题目就叫《教育——必要的乌托邦》。德洛尔这样写道："世界往往不知不觉或不声不响地需要某种理想和道德标准。教育的使命是多么崇高啊！它需要根据每个人的传统和信仰，在充分尊重多元化的情况下，促使每个人将其思想和精神境界提高到普遍行为模式和在某种程度上超越自我的高度。委员会字斟句酌地认为，这关系到人类的生存问题。”

在今天的中国，需要什么样的理想的教育？我认为，需要一种把人当成人的教育！我们向往并为之奋斗的教育，应该是目中有“人”的教育，是充满人性、人情和人道的教育，是为了一切人全面发展的教育，是充满着民主精神、散发着科学芬芳、闪烁着个性光芒的教育！

前年年底，我曾写过一篇题为《从教育浪漫主义到教育理想主义》的随笔，文中这样写道——

我用一句话来概括我的教育理想主义：为现代化中国培养21世纪的公民！

——因为它是面对正在走向现代化的中国的教育，所以它是关注现实的；因为它是面向21世纪的教育，所以它又是超越现实的。

——如果说，教育浪漫主义是面对“过去”的教育，教育现实主义是面对“现在”的教育，那么，教育理想主义则是面向“未来”的教育。

——教育理想主义的核心是民主教育！

作为一个普通教师，坦然地亮出自己教育理想的旗帜，也许在有些人看来有些“滑稽”或者干脆说就是太“堂·吉诃德”，但我愿意以此做一个忠实于自己心灵的人。茫茫人海，如蚁人生，我们个人的确太渺小，但作为知识分子，我们可以自己使自己的灵魂接近高尚，使自己的心灵自由地飞扬。鲁迅曾经说过：中国历史上从来不少埋头苦干、拼命硬干、舍身求法的人，这些人是中国的脊梁。我以前都只把这当做“名人名言”，但今天，我愿意和所有教育界的有志者一起，实践这句话——让我们也成为中国的脊梁！

在这个教育理想失落的时代，让我们重建理想！危机也罢，困惑也罢，阵痛也罢……这一切都是属于我们自己的。让中国教育走出困境、走向未来，这是我们这一代教育者的天然使命，也是我们民族现代化成功的希望。

教师节话“礼”

又到教师节了。昨天在飞机上翻报纸，说许多中小学学生家长每到教师节就犯愁：给不给老师送礼？不送吧，如果别的孩子家长都送而自己不送，那孩子会不会吃亏呢？送吧，可又送多重的礼呢？过于贵重，心疼；太轻，又拿不出手——那还不如不送呢！

真是为难这些家长了！

报上还说了一个家长的真实经历。这位家长去年给孩子的班主任送了一盒茶叶——茶叶嘛，老师不至于拒绝；但这不是一般的茶叶，因为家长在茶叶里藏了2000元钱。送给老师后，家长不安了：老师会不会以为就是茶叶而将其送人呢？好一段时间过去了，家长一点都没感觉到班主任老师对孩子有什么关照，越想越觉得这礼白送了，真冤！想起来就窝心。

读了这个故事，我也很难受。觉得自己也被什么东西玷污了。

我想对所有家长说：在这几乎一切感情都成了“工具”的时代，可能有的老师希望学生家长送礼，但是，这绝不能代表所有老师的职业操守！更多的老师还是希望自己的职业纯净一些，希望老师和学生及其家长的交往纯粹一些。

我想到我特别敬重的王栋生（吴非）老师。他从教几十年，硬是没有从家长手里接过任何礼物！他对我说：“学生送我一瓶醋，我都不会收的！”正因为王老师把事情做得这么“绝”，他才可能写出那么多掷地有声的文字！胸怀坦荡，浩然正气，怕谁？

我想到两年前的9月4日，我第一次给刚刚接手的一个初一新生班的学生家长开家长会。我开诚布公地对学生的爸爸妈妈爷爷奶奶们说——

我希望我们建立君子之交。这里的“淡”，是“纯净”的意思。我希望在我教你们孩子期间，你们不要给我有任何“表示”，教师节要来了，我这个提醒不是多余的。以前有的家长对我说：“李老师，周末我们聚聚吧！”在现在的社会语言环境中，这里的“聚聚”显然不仅仅是“聚聚”，而是有丰富的含义，至少要在酒店吃一顿档次不低的饭。而我一不吸烟，二不喝酒，三不饮茶，我实在不喜欢这样的“聚聚”。每当我拒绝的时候，这些家长就会说：“啊呀，李老师，我们交个朋友还不行吗！”我说不行，现在我教着你的孩子，不便和你交朋友。如果你的孩子毕业后，你还要请我聚聚，还想和我交朋友，那我肯定会答应的，因为那时候你和我没有任何利益关系了。去年我母亲患癌症住院，医院里一位主任知道后，对我母亲非常关照，他是我十年前教过的一个学生的家长，可以说，在我母亲住院的时间里，他对我母亲的关照无微不至，他科室其他医生说，他想以这种方式，表达他对李老师十年前教他女儿的感激！我知道后非常感动。但是，现在你们的孩子在我班上，我不接受你们的任何“感谢”。请维护我清白的名声！我曾在教工大会上说，家长送礼的心情很复杂，有的是心甘情愿，有的未必，也有的家长“进门拜三拜，出门骂三代”！所以，还是“君子之交淡如水”好。如果你们希望我冷落你的孩子，歧视你的孩子，虐待你的孩子，那你就尽管给我送礼，这样我就懂得你的“暗示”了：李老师，你千万不要对我的孩子好啊！相反，如果你尊重我，什么礼都不送，我也明白你的“暗示”了：李老师，一定要对我的孩子好！现在社会上有很多“潜规则”，什么都要勾兑，告诉大家：我是个不讲“潜规则”的人，我希望我们武侯实验中学能够是一块相对纯净的土地！

两年过去了，至今没有任何家长给我有哪怕是一丝的所谓“表示”。这是我的骄傲！

说起教师节礼物，我想到了十六年前（1994年）的教师节，我主动向我的学生“索要礼物”的事。这事写进了我的《走进心灵》——

1994年9月开学不久，便迎来了又一个教师节，学校要求各班利用班会课举行庆祝活动。这天，我吩咐班干部在教室黑板上写了一行大字：“教师节——献给老师的礼物！”

班会开始时，我笑着对大家说：“今天是我的节日，所以，我想向同学们索取‘礼物’。”学生们顿时笑了起来，显然是不相信我的话。可我却认真地继续说："在过去的高二学年里，由于李老师修养不好，再加上工作繁重，所以，我的工作越来越简单急躁，在各方面都存在许多问题。今天，我诚心诚意请同学们对我的工作提出意见。这对我来说，的确是最好不过的礼物啊！"

接着，我又拿出事先买好的钢笔、圆珠笔和铅笔："为了鼓励和感谢同学们，今天我来个'有奖征谏'——同学们可不要坐失良机啊！"

同学们又是一阵大笑，气氛开始活跃了。他们见我十分真诚，便也认真思考起来……

开头炮的是黄金涛："李老师，我们都记得，高一时您和我们没有师生界限，我们甚至可以对您直呼其名；可是到了高二，您越来越爱对我们发脾气，师生之间有了明显的心理距离。希望李老师能恢复高一时亲切的笑容！"

我走下讲台，来到黄金涛的面前，双手递给他一支钢笔："谢谢你的批评！"班长吴冬妮站了起来："李老师，上学期班上的运动会的会徽设计，您没有征求同学们的意见！"

我略略回忆了那件事的经过，说："好吧，我接受班长的批评，今后班里的事儿多和大家商量。"说完，我送给她一支圆珠笔。

平时常挨我批评的郭坤仑也发言了："李老师有时太爱冲动。那次林川用脚狠狠踢教室当然该挨批评，但您当时拍着桌子厉声斥责他，写了检讨又请家长，使林川事过很久还感到抬不起头。"

我同时拿起两支圆珠笔，一支递给郭坤仑："谢谢你的直率！"一支递给林川："请原谅李老师！"

提意见的学生越来越多了……

下课铃响了，我总结道："永远感谢同学们！愿在新的一学年，我们高95级一班的全体同学和我这个班主任精诚团结，同舟共济，以共同创造明年七月的辉煌！”

回答我的，是一片雷鸣般的掌声！

一年后，学生们果然以出色的高考成绩为我班的历史画上了一个完美的叹号。离校之际，学生们来向我告别，他们送我一张同学们签名的尊师卡，我打开一看，里面有黄金涛代表全班写的一句话——

“镇西兄：血脉虽不相连，心灵永远沟通！”

我的历届学生已经给我太多太多，我哪里还需要家长送什么“礼”呢？

善待“后进生”

你说知道教育的前提是爱，但你对后进生就是“爱不起来”，“看见他们就心烦”。你的心情我理解，但我要说，你“心烦”是因为你用成人的眼光去看他们——我认认真真地备课，你居然不认真听讲，不但不认真听还在课堂捣蛋；我辛辛苦苦地教你，你每次作业总是乱做，每次考试都是白卷；因为你使我班每次的平均分都比同年级的其他班低，教学成绩总上不去，评优选先轮不上不说，在领导和同事面前还抬不起头来……如此越想越气，当然“心烦”。

但是，如果你换一种眼光，也就是儿童的眼光，准确地说，是站在后进生的角度看他，你的心情也许会不一样的。你会感到这些孩子不但可怜，而且可敬——

是的，他们听不懂课，可是他们一年四季无论寒风凛冽还是烈日炎炎，每天总是准时（当然，有时也迟到，偶尔也旷课）到学校来做一件事，就是听他们听不懂的课。想一想，这是什么概念？换做你，你能做到吗？成人听一堂枯燥的报告都觉得度日如年，可这些孩子，每天都在教室里受着残酷的精神折磨——听他们根本听不懂的课，一听就是三年、六年甚至十二年！他容易吗他？这种坚忍不拔的毅力，你作为老师具备吗？

后进生长期坚持听他听不懂的课，他换来的是什么呢？是老师的呵斥，是同学的嘲笑，是家长的打骂——这就是我们号称“以人为本”的教育给他们的全部“馈赠”。教育人道主义，教育所应该蕴含的起码的人性和人情，在这里荡然无存。然而，面对呵斥、嘲笑和打骂，他们从来不气馁，丧气，不悲观绝望，第二天依然背着书包来到学校走进课堂。而且还乐呵呵的，对老师还是有礼貌，对同学依然友好，回到家里照旧叫“爸妈，我回来了”。这种良好的心理素质，你有吗？这么多年，媒体常报道哪个学生又自杀了，请问这自杀的学生当中，有一个——哪怕是一个——后进生吗？上课可以睡觉，作业可以抄袭，考试可以交白卷，大不了又挨一顿臭骂，这么美好的生活，干吗不享受而要自杀呢？你说，后进生如此乐观豪迈的生活态度，你有吗？

还有，你什么时候看见过后进生记恨过你？是的，可能有时候他也和你顶撞几句，但事过之后，你也许还在生气，他却忘记了，碰见你依然“老师好老师好”叫你叫得甜蜜蜜的。经常听老师们说，学生毕业之后，能够经常来看老师的，往往是那些在学校经常被老师骂得狗血淋头的后进生。不管后进生在学校怎么被老师骂，甚至有时候还是被冤枉的，可这些孩子回母校首先看的，还是当年骂他骂得最厉害的班主任。如此宽阔的胸襟，你有吗？设想一下，如果你被校长骂了，你能够忍受吗？那还不在心里记一辈子？

这也几乎是规律了——后进生们也许考不上大学，但长大之后自谋职业做生意，屡屡发财呢！我的学生中好些老板，都是当年的后进生，在我班上的时候把我气得个要死，自然没有少挨我的骂，可是十年二十年之后，他们一个个居然都“抖起来了”——无论是从事房地产，是经营餐饮业，反正在各自的行业都干得还不错。在我们这个风云变幻的时代以及人心险恶的社会，商场的摔打沉浮，人生的跌宕起伏，他们都是怎么过来的呀？原因当然很多，但至少有一点不可忽略，那就是他们的心理素质好极了！其实，仔细一想，他们所拥有的超强的抗挫折能力，不正是学生时代被我们老师的一次次呵斥、臭骂、罚站……所培养锻造出来的吗？都说“恨铁不成钢”，没想到，钢铁可就是这样炼成啦！

这样一想，我们做老师的，可能还不如后进生呢！表面上看他们可气又可怜，但实际上，他们可敬又可佩！

你说，你还能恨他们吗？

我的科学质量观

这里的质量当然指的是学校的“教育质量”，而非企业的产品质量。

“质量是学校的生命线！”“抓质量是学校永恒的主题！”这样的说法，经常被不少校长挂在嘴边。从字面上说，这些说法本身并没有错。难道办学校可以不要质量吗？当然不是。如果一个校长不管质量，他应该立马下课！

问题的核心或者说关键在于，这里的“质量”指的是什么？如果拿这个问题去问问一些校长、老师、学生和家长，往往会得到这样的答案：“当然是指学校的‘升学率’啦！”

如果是初中，人们会把中考考上重点中学分数线有几个人视为该校质量的指标；如果是高中，人们会把高考考上重点大学分数线有几个人视为该校质量的指标。在学校日常管理中，如果校长大声疾呼：“一定要抓质量！”老师们的第一反应多半是：这个校长要抓教学，要抓课堂，要抓考试了！

如此对质量的理解不能算全错，但是如果用“科学质量观”的标准来衡量，这个理解绝对是不全面的。“科学质量观”这个概念不是我的首创（严格地说，这个概念的全称应该是“科学的教育质量观”），但我赞同这个说法，并且有自己的理解。

科学质量观显然是针对非科学的质量观提出的。在这里，“科学”的含义，我理解就是要“符合规律”。说通俗些，就是教育要符合教育本身的特点，同时还要符合学生作为人的特性。而“非科学的质量观”，则既不遵循教育的原则，也不尊重人的本质，把教育当产业，把学生当商品，无视教育的人性，更无视学生的生命。

科学质量观从根本上说，是着眼于“人”（即我们每天面对的学生）的素质发展——体格健壮，道德高尚，学业优良，情趣高雅，等等。

我理解并倡导的科学质量观，至少应该有如下内涵——

第一，追求可持续的质量——既要重视学习成绩，更要重视人格塑造、能力培养和全面素质的提高。既要为学生的升学服务，也要为学生终生服务。

一个学校追求升学率没有错，老师们抓学生的考试成绩也没有错。且不说完整全面的教育质量本身就包含着智育方面的目标，就以每一个孩子的未来而论，如果他缺乏起码的文化素养，失去进入高中或大学的资格，以后就业都面临困难，甚至生存都面临危机，在人生的起步阶段就无法享受求学的成功，谈何“一生的幸福”？从这个意义上说，如果一个学校不讲教学成绩，不追求升学率，这个学校是对学生不负责的学校，根本就没有必要办下去。

问题在于，如果一个学校在实践中只追求升学率，而且是不择手段地追求，这样的所谓“质量”不但片面，而且可怕！因为这样的质量观牺牲的是孩子本来应该有的全面发展，以及他们童年少年应有的快乐。因此，一所真正对孩子负责的学校，应该是既满足孩子一生中那“关键的几天”（中考或高考）的需要，更要着眼于孩子未来五十年、六十年甚至更长久的幸福!

为了我们今天的学生将来能够可持续发展以获得长久的幸福，教育就必须给他们终身有用的东西：强壮的体格，健身的技能，善良的品质，正直的情怀，高远的志向，宽广的胸襟，雅致的修养，学习的兴趣，阅读的习惯，坚忍的意志，科学的思维，创新的智慧，沟通的本领……这一切都是我们的教育追求，也理应是教育质量的内涵，而绝不应该被单一的成绩、名次和升学率所冲淡甚至剥夺。

第二，追求整体的质量——面向每一个孩子，着眼于每一个学生在原有基础上最好的发展。

几乎每一所学校，都可以找到一个两个或更多的“天才学生”；同时，几乎每一所有几十年乃至上百年历史的学校，都可以在校友中找到一些著名的校友。

我们也承认，培养杰出人才或者说拔尖人才，的确也是我们的教育使命之一，从学校走出去的清华生、北大生、院士、科学家等，也是我们学校的办学业绩或者说教育质量的标志之一。

但是，如果仅仅把这少数精英学生当做我们的教育质量，甚至津津乐道于哪个名人是我们学校“培养”的，而忽略甚至无视绝大多数普通学生的成长与成才，这样的质量观岂止是不科学，简直就是扭曲的、畸形的。

我们的教育对象，绝不只是少数有可能成为科学家、艺术家等名人的天才少年，而更是包括了未来只能成为普通劳动者的孩子。一个人能否成为科学家甚至获得诺贝尔奖，更多的和他的天赋以及家庭教养有关，和学校也有关，但关系不大。如果我们只盯着学生是否获得了这样或那样的大奖，是否考上了清华北大或哈佛耶鲁（甚至为此目的而不择手段地挖别人的“尖子生”），而忽略了培养无数善良勤劳富有智慧的普通劳动者，这是教育的悲哀！

这样说，绝不意味着对绝大多数普通孩子成才标准的降低，不，科学的教育质量观，应该是每一个孩子都有一把相应的“尺子”，所谓“因材施教”，所谓“尊重个性”，所谓“做最好的自己”等等，都是科学质量观题中应有之义。无视学生的差异而一刀切的“英才教育”，或者为了照顾大多数普通孩子而让未来可能成为科学家的孩子“吃不饱”的“平均教育”，都不是科学教育质量观。我们追求的教育，应该是面对每一个孩子、全面实施素质培养的教育，造就具有合格公民的教育，让每一个孩子都能够得到他能达到的最好的发展的教育。无数“每一个”的成功，便汇成我们的“整体”优异的质量。

第三，追求和谐的质量——以人格教育为核心，学生的德智体美劳各方面不一定是均衡发展，但一定要协调发展。

让学生在德智体美劳各方面全面发展，这是我们已经确定的教育方针。

但这里的“全面发展”，指的是教育要关注学生的各方面的成长，而不是说每个学生在每个方面都必须得到同等程度的提升。作为一种理论假设，或者说作为一种理想化的追求，我们当然希望我们的学生都能够“全面发展”，具体到每一个学生，这个目标是很难绝对达到的。原因在于，由于天资禀赋、性格气质、身体素质、家庭背景等等方面的差异，学生必然呈现出鲜明而独特的个性。教育的科学性，正体现于对学生个性的尊重。

当然，无论如何强调学生的个性，在培养学生健全人格这一点上都是一致的。

法国现任总统萨科齐在2007年致全体法国教师的信中写道："教育就是试图调和两种相反的运动，一是帮助每个儿童找到自己的路；一是促进每个儿童走上人们所相信的真、善、美之路。"

我理解，这里萨科齐谈的就是教育共性与学生个性的和谐统一。每个儿童都是"唯一"的，其个性与成长之路具有"不可重复性"；但每一个儿童又是人类的一员，他必须继承并践行人类所共有的价值观与精神美德。

但是，我这里侧重强调的是，我们的教育如何在"促进每个儿童走上人们所相信的真、善、美之路"的同时，更注重"帮助每个儿童找到自己的路"？

人们经常用"和谐发展"来表述理想的教育，这也是我把"和谐的质量"视为科学质量观内涵之一的原因。但是，这里的"和谐"，除了刚才说的共性与个性的协调发展，也包括孩子在智慧、能力、思想、情感等方面的协调发展。

我们希望所有学生体格健壮并至少有一项体育爱好，也鼓励学生的体育特长，但不要求每一个学生都是体育尖子；我们希望所有学生都具有高雅的审美情趣，也鼓励学生的艺术特长，但不苛求每一个学生都同时擅长某种乐器，并获得考级证书；我们希望所有学生发展德智体，弘扬真善美，也鼓励学生追求卓越，但不奢望每一个学生在每一个方面都出类拔萃。就发展而言，协调比平均更重要；就成长而言，幸福比卓越更可贵!

第四，追求方法、过程与结果相统一的质量——方法科学，过程快乐，结果理想，让孩子现在就幸福。

现在的教育体制，因为急功近利，很多时候客观上就是引导老师们“只要目的，不择手段”，“只管眼前，不管将来”，这样的教育，我们痛苦，孩子也痛苦。但我们往往这样对孩子说：“现在痛苦，是为了将来的幸福！”

错了！理想的教育，应该让孩子现在就幸福。

当然，这个“幸福”显然主要不是指单纯的物质享受，甚至也不仅仅是指成才以后将来谋得一份好职业以便过上好日子，而是孩子在受教育的过程中的一种“快乐”——不仅充分体验到求知的快乐，思考的快乐，创造的快乐，成功的快乐，而且还充分体验到纯真友谊的快乐，来自温暖集体的快乐，来自野外嬉戏的快乐，来自少年天性被纵情释放、青春的激情被随意挥洒的快乐……

由这多方面的“快乐”所汇成的少年幸福，应该是充满真正人道主义的素质教育献给孩子的一份“礼物”，也是科学质量观应有的追求。

哪怕是和应试联系最紧密的课堂教学，只要方法科学，也完全可以让孩子们接受知识培养能力的过程充满快乐。所谓“方法科学”，就是遵循学生的认知规律，符合学生的接受心理。用大白话来表述就是，把教师“教”的过程变成学生“学”的过程；或者说，教师的“教”服务于学生的“学”，让“教”和“学”达到和谐的统一。过去的课堂，都是教师一个人滔滔不绝地讲，讲得再多再好，学生不会，等于零。

我们现在要转变观念，把课堂还给学生，让学生成为学习的主人。我从教多年，发现优秀学生都有个特点，喜欢给同学讲题。

人们往往只是单纯从助人为乐的角度表扬这些优秀学生，其实，从学习方法上看，最好的学习，就是给别人讲，而且是不停地讲。这是个常识。这个常识很深刻，也很朴素。多年来我们把这个常识给忘记了，不停地给学生讲，却不让学生讲。于是，知识在我们教师头脑里记得越来越深刻，学生却什么都没记住。现在我们要倒过来，放手让学生在课堂上讲，教会他们讲，创造条件让他们讲。

这样的课堂，个个是老师，个个有事做。每个孩子都处于兴奋状态，都体验着自信并享受着自尊，这样的课堂，是思维的飞翔，是情感的流淌，是青春的燃烧，是生命的狂欢，怎能不快乐？这样的学习方法，这样的学习过程，最后的教学成绩，必然整体理想。这已经被许多学校的高效课堂所无可争辩地证明。

“质量是学校的生命线！”“抓质量是学校永恒的主题！”这些说法一点错都没有，我们还应该继续并永远这样强调质量。只是，这里所说的“质量”应该是“科学质量观”之“质量”——它是可持续的质量，是整体的质量，是和谐的质量，是方法、过程与结果相统一的质量，是“让孩子现在就幸福”的质量。

师德新思考

师德建设是个老话题了。我查了查教育部（原国家教委）和全国教育工会1997年颁布的《中小学教师职业道德规范》，共提出了八个方面的要求：“依法执教”“爱岗敬业”“热爱学生”“严谨治学”“团结协作”“尊重家长”“廉洁从教”“为人师表”。其实我们今天所提倡的，这个《规范》基本上都谈到了。但长期以来，一说到师德，我们往往更多的是强调两点：爱心和奉献。这两点当然都是应该提倡并强调的，但关键是如何理解“爱心”和“奉献”。

我认为，教育之爱必须注重两个方面的延伸，即“向上提升”和“向下落实”。所谓“向上提升”，就是提升到民主的高度，或者说教育之爱必须注入民主精神。应该说绝大多数老师都是爱学生的，但有的老师真诚的爱心却往往充满专制的色彩，我就听过一位打学生的老师说：“我正是因爱学生才恨铁不成钢，所以打了他。”当然，打学生的老师并不多见，但侵占学生自习课、罚学生抄作业等现象则不是个别。就以不按时下课为例，这样的教师肯定是爱学生，巴不得多给学生讲点知识，但这种爱，确实是对学生课间休息权利的侵犯。因此，师爱必须注入民主的内容。换句话说，真正爱学生的教师应该努力使自己成为一个具有民主情怀的人。说到民主，人们往往想到民主是一个国家管理形式或者说是一种国家政体。其实，民主同时还是一种生活方式或者说生活态度。什么是民主的生活方式呢？充满爱心、懂得尊重、追求自由、讲究平等、倡导宽容、善于妥协……这都是民主的生活态度，而具有这种生活态度的人，就是一个充满民主情怀的人。爱不等于民主，但民主一定要包含着爱，因为民主就意味着对人性的尊重。所以，今天我们谈教育的爱心，一定要强调，这种爱应该是民主的爱，而不是专制的爱。

所谓“向下落实”，就是爱心必须落实到具体的教育技巧，也可以说是教育智慧。如果爱心不体现于日常教育中面对一个个具体难题所表现出来的智慧，这样的爱心是空洞的。人们常说，没有爱就没有教育，这当然是对的，因为真正的教育总是从爱出发，或者说爱是教育的起点和条件；但有了爱也不等于有了教育，因为表达这种爱需要智慧。面对具体的学生，没有哪个教师敢说他会比这孩子的父母更爱这个孩子，也就是说最爱这个孩子的人应该是他的父母而不是教师，可是爱孩子的父母却不等于就懂得教育，他们还得把孩子送到学校。因为教育的爱必须通过教育的智慧表达出来。如果抛开了教育智慧而空谈爱，是没有用的。我们一些专家往往大谈“爱能够产生教育的奇迹”，说什么面对一个后进生，爱就能使他变成优秀学生，等等。我做了20多年的班主任，以我的经历，还有我所见到的周围的教师的实践，从来没有发生过这样的事，教育绝不是“一爱了之”那么简单。我们现在谈“师德”，往往把“爱心”简单化，其实，“有爱”不等于“会爱”，而“会爱”就是一种教育智慧。

我还想说，爱是一种情感，而情感是不能规定和强迫的。一个老师如果爱学生，当然会令他的教育效果达到比较理想的程度。但我们不能强迫每一个老师一开始就发自内心地爱每一个学生。比如我，新学期担任班主任之初，对我刚刚接触的学生，我就很难有那种发自肺腑的爱，因为爱的建立需要时间。同样，对于个别屡教不改的后进生，我们有些老师无论如何爱不起来，这也不能勉强。还有，有老师把教育当做职业当做谋生的饭碗，因而对学生并没有真正的爱。这也是可以理解的。但是，我想说，作为教师，可以允许你不爱学生，但你必须尊重学生。这是底线。爱是内在情感，尊重则是外在的行为。举个例子，你可以不背生病的学生上医院，也可以不给贫困学生以经济资助，但当学生向你问好时你应该回礼，当学生走进办公室时你应该说声“请坐”。前者是爱心的驱使，我们不能要求每一个老师都一定要做到，但后者则是师生相处的规范，是一种对学生人格的尊重。我承认我爱学生，但这种爱是我个人的事情，如果有老师不爱学生，但他很尊重学生，并且认真上好每一堂课，这样的老师不算最优秀，但也无可厚非。教师就是一门职业，按职业规范操作，就很好了。至于少数教师要做到呕心沥血、忘我爱生，那当然应该鼓励，应该作为一种理想的精神境界来宣传，但不应该强迫每一个老师必须做到。

说到爱，我还想到有的人老把爱同严格要求对立起来。这是误解。爱，必然包括严格要求，甚至包括必要的惩罚。有人老是讳言教育惩罚，可我就想不通，离开了惩罚的教育还是完整的教育吗？教育，无非就是人格熏染和行为养成，而行为的养成必须靠训练，训练就是强迫，所谓强迫就是学生没有做到就必须惩罚。为什么有人怕说惩罚呢？因为他把惩罚和体罚混为一谈了。我坚决反对体罚，但同样坚决反对取消教育惩罚！我们查一查顾明远主编的《教育大辞典》，在谈到“惩罚”时，该书把“批评”都作为最轻微的惩罚方式。这说明教育惩罚是不可缺少的。应该说，表扬和批评，奖励和惩罚都是教育的方式，更是教师的权利！

有学者谈到教育公正问题，我很赞同这个观点："教育公正更多的是实质公正。"学校教育不是没有程序公正，比如考试的公正，那绝对应该一视同仁。但教育之爱或者说教育的尊重，有时更多的是表现于实质的公正。学校纪律和班级规章制度都很重要，也应该严格执行，但有时候对不同的学生的一视同仁恰恰是不公正的。对一名后进生和一名优秀学生，我们需要因材施教，需要根据其个性和具体的情景采用不同的处理方式。举个很简单的例子，对于班上的"弱势学生"（后进生、贫困生、性格自卑的学生等等）我们给予更多的关爱，倾注更多的心血，这绝不是不公正，而是对他们的一种关爱缺失的补偿。正如教师节的设立，并不意味着对其他没有设立节日的行业的不公平。因此，我一方面强调纪律面前人人平等（包括教师），但同样注重具体问题具体分析具体处理，有时候还得因人而异。

再说"奉献"。教师职业的奉献特点是不容否定的，比如我们这个职业不像机关干部也不像商店营业员，下班之后便可以与职业脱钩，我们下班回家也可能，不，应该是往往也在上班：备课呀，批改作业呀，家访呀，等等。这不是"奉献"是什么？但是，我依然认为，教师职业不应该仅仅是"奉献"，或者说，这个"奉献"本身也是收获。收获什么呢？收获成长！也就是说，教师在教育过程中，应该追求一种成功感，但这里的成功绝不仅仅是学生的升学率——这当然也很重要，我强调的是，教师的成功不应该仅仅建立在学生的成功之上，而应该有自己的成功：对教育的认识更加深刻，拥有的教育智慧更加丰富，他的课越上越精彩，他开始进行教育科研并取得成果，又开始写作并发表教育文章乃至出版教育著作，他开始踏上由一名普通的教师通往教育专家的路……这都是教师的收获。同样两个大学毕业生分到学校工作，同样兢兢业业地上班；三年后，其中一个无甚进步，最多就是所教学生考上了高一级学校，而另一位教师却硕果累累，这是什么原因呢？原因就在于，前者每一天的兢兢业业都是盲目而麻木地工作，他表面上工作了三年，其实只工作了一天，因为他每天都在重复昨天的故事；而后者则的的确确工作了三年，他每一天都带着一颗思考的大脑在工作。这就是我说的反思型教师。所谓反思，在我这里的语境里，不仅仅是“想”，而是一种教育的状态，就是不断调整、改进、提升自己教育品质的行为。教师应该有四个“不停”：不停地实践，不停地阅读，不停地思考，不停地写作。我们要创造条件让所有教师都能获得职业成功感，唯有如此，他才会有职业幸福感。一个仅仅凭使命感工作的教师，很难感受到教育的幸福的。许多人都以为我是因为奉献精神才从事教育的，比如我从教科所调回学校，有人就说我精神高尚，我说不是，这只是我的兴趣，因为我愿意和学生打交道，我在和学生打交道的过程中更容易体验到成功与幸福。我的一位朋友是下象棋的，他说他小时候就喜欢下棋，后来他把这爱好当做了职业，成了一位职业棋手，现在已经获得了“国际象棋大师”的称号，别人说他从小就立志“为国争光”，他说，不，我就是爱好，没想过那么多！我也是如此。我回学校，就是爱好，否则，难道我不回学校而留在教科所就很可耻吗？如果我明天就去开火锅店，难道就堕落了吗？一个人有权选择自己喜欢的生活和职业。我现在之所以选择教育，不是因为一般人认为的“奉献”，而是我想从教育中“获取”，因为教育，能够给我更多的乐趣和诗意。如果我们从这个角度来看待“奉献”，它就不是“牺牲”的代名词，而是成长和成功的必须。但我们现在许多人不这样看“奉献”，他们把“奉献”理解成不要命地为学生献出一切，包括生命！说到这里，我想到有一年四川某中学高考很辉煌，但付出的代价是两名高三教师失去生命！当网上有人赞美这两位无私奉献的老师时，我说："这样的老师让我敬佩，但这样的奉献，不要也罢！"我还说，当地教育行政部门应该做的是，第一，厚葬这两位可敬的老师，并给他们的家属一笔相当丰厚的抚恤金，因为人家连生命都付出了，不该得到应有的补偿吗？虽然生命的价值是难以用金钱衡量的。第二，千万不要发文件把这两位老师树为"榜样"，或者组织什么"先进事迹报告团"，号召全县老师向这两位老师学习，如果我们的教师都向这两位教师一样为高考而连命都不要了，这样的师德还有没有点人性？

说到这里，我还想简单评论一下经常被人引用的两句关于"奉献"的名人名言。陶行知说："捧着一颗心来，不带半根草去。"每次读到这句话，我都非常感动。陶行知本人就是这句话的实践者。不过我又想，对于大多数普通老师来说，"捧着一颗心来，带半根草去"也不要紧的——在付出的同时，合理合法地追求正当的利益，也无可厚非，这和爱也不矛盾。苏霍姆林斯基说："我把整个心灵献给孩子！"他也的确做到了，但对大多数普通老师来说，不必要求他们把"整个心灵"献给孩子，要允许他们留点儿心灵给自己的爱人、孩子和父母，我认为这也是可以的。不能因为提倡师爱，而要求每一个老师都做"圣人"。

所以，今天我们讲师德，依然要讲爱心和奉献，但爱心和奉献必须同教师的生活质量和生命意义相联系，只有当我们教师感到了教育的成就感和诗意时，这师德才能真正成为教师的自觉行为。

爱，不是教育的一切

拙著《爱心与教育》出版十多年来，我的教育理念和实践被有些人好心地贴了一个标签——“爱心教育”。对此，我一直不认可。这是对我的一种误读。我不否认教育之爱，特别在这教育爱心越来越被忽略甚至被冷落的时代，强调爱心是必要的。爱是教育的前提条件，所以“没有爱，就没有教育”这话绝对是站得住脚的。但是，我们不能由此得出“有了爱就有了教育”的结论。从逻辑上说，“爱”只是教育的必要条件，而绝非充分条件。打个比方，我们可以说：“没有米，就做不成饭。”但不能说：“只要有了米，就能做成饭。”因为要做成饭还得有其他条件：水、火、锅以及“巧妇”等等。教育同样如此，除了爱，还要有思想、智慧、技巧等等。

把“只有……才……”（“只有有了爱，才有教育”）当成“只要……就……”（“只要有了爱，就有了教育”）——好多对教育爱心的误解，都源于此。

此外，爱是万能的吗？教师对学生的爱是否包含着功利？这种爱是不是也可以作为一种教育手段？爱心与惩罚可以“兼容”吗？如果不能，二者是什么关系？对学生的爱是否就意味着“无私奉献”？如此等等的问题，现在依然困扰着不少老师。因此我越来越感到，虽然谈论教育之爱已经不再“新潮”，这是个老话题了，但还有相当多的问题需要进一步探讨呢！

之所以这样感慨，是因为最近我读到了武汉国培班的学员们就爱心与教育给我的提问。这些提问是通过《班主任之友》转给我的。一想起武汉国培班的学员们我就感到温馨，我至今还记得当时我作报告时，学员们对我的真诚欢迎。时隔这么久，这些年轻的老师们还对我保持着热情，给我提了不少问题，这说明大家还在继续思考。在此，我就朋友们提出的九个问题简单说说我的看法。欢迎批评。

问：当老师需要爱心，这是所有走向讲台的人都明白的事情。然而，看起来简单的事情，要做起来真难。难在两个地方：一、开始的时候可能很有爱心，但时间长了，慢慢爱心就变淡了；二、对别人付出爱心总是需要成本，这些成本包括精力、时间，还有你的细心等，然而，一个人的精力、时间又总是有限的，有时候觉得很累。因此，我的两个问题分别是：一、李老师，你是如何将你的爱心保持这么长时间的？二、你如何让自己精力充沛应付那么多孩子的各种各样的需求？

答：看来这位老师也是富有爱心的，只是对爱的理解还有些模糊。其实，在我看来，所谓“爱心”是童心的自然表现。从某种意义上说，教育者的童心比爱心更重要。因为童心是人性的自然流露，而爱心有时候是一种理智的提醒和选择。对我来说，爱孩子是我天性流露，而不是道德使然。童心保持一天，爱心就伴随一日。不存在职业倦怠或“慢慢爱心就变淡了”的问题。所谓“对别人付出爱心总是需要成本”，这是我第一次听说。只有“投入”与“产出”才谈论“成本”，但教育不是做生意，爱心更不是“感情投资”，一切都是自己的选择，就不存在什么“累”的问题——我这里说的“累”指的是心累，至于身累那是不可避免的，做什么不累呢？作为校长，我一直坚持上课，尽管没有固定在哪一个班上课，但就体力消耗而言，也很累，因为我立志要把全校56个班全上遍（比如今天，我就上了三节课）；可是，看到孩子们亮晶晶的眼睛和灿烂的笑脸，听着孩子们齐声呼我“帅哥好”（嘿嘿，搞笑吧？），我只有幸福！可见童心和年龄无关，与教龄更无关。

这位老师提问中最后一句话让我有些感动，感动于他（或者是“她”吧）对自己没有能够“应付那么多孩子的各种各样的需求”而苦恼。但是，亲爱的朋友，不要苦恼！没有哪个老师可以满足所有孩子的各种需求，我们也没有必要苛求自己。我只是尽量根据不同学生的个性采用不同的方式予以关注与爱，还有教育与引导。而这本身就是教育的题中应有之义，是我们的分内事。

问：对孩子的爱需要敏锐的眼光，这样才能发现孩子的变化，同时，亦需要细腻的情感，这样才能同孩子产生情感上的共鸣。然而，作为班主任，不是每个人都具备这种能力的。坦然地说，我自己就是一个比较粗犷的人。您认为像我这种性格的人适合做班主任吗？李老师您能评价一下自己的性格，或者将自己的性格进行简单的描述，然后，归一下类？

答：亲爱的朋友，你不必自卑，性格粗犷一样可以做班主任的。其实，我也不细腻，我也属于那种粗枝大叶的人呢！我的性格热情奔放，毫不掩饰自己的喜怒哀乐，宛如儿童，这点刚好和教育“契合”。粗犷的人未必不适合于教育，因为再粗犷的人对自己的爱人也有细腻的时候，不然只有打光棍，呵呵！教育就是我们的“爱人”。

所谓“发现孩子的变化”“同孩子产生情感上的共鸣”，首先不是眼光和情感的问题，而是是否具备童心的问题——对不起，我再次提到“童心”，因为这实在是太重要了。我们经常说要“以人为本”，我们也的确是把学生当“人”，但我们往往把学生当成人，而不是当做正在成长中的具有特定年龄阶段心理特征的儿童。因此，要走进儿童的心灵，必须学会——用儿童的眼睛去观察，用儿童的耳朵去倾听，用儿童的大脑去思考，用儿童的情感去热爱，用儿童的兴趣去探寻！

问：尽管我们不喜欢老师对学生施以惩罚，但我们又不得不承认，惩罚对学生管理有时候确实比其他手段来得更有效。我想，这也正是惩罚为什么总是被老师们经常使用的缘故吧。我想问，李老师在从教的几十年里，是否运用过惩罚？都使用过哪些惩罚措施？能举些例子给我们班主任老师做些说明吗？

答：这位年轻的朋友可能对“惩罚”的理解有误。这种误解绝不只是你一个人有，而是具有相当的普遍性。我很奇怪为什么那么多的老师讳言教育惩罚，好像惩罚是一件很可耻的事。想了很久，我似乎明白了，原来很多老师把“惩罚”和“体罚”画了等号——在他们的话语里，“惩罚”就是“体罚”。

的确，真正的教育首先是充满情感的教育。在学校，任何形式的体罚都必须根绝，因为离开了对学生的爱与尊重，就谈不上任何教育。但是，科学而成功的教育却不能没有惩罚。

长期以来，有的教师在这个问题上存在误区。他们认为既然是“教育”，就总是“和颜悦色”、“润物细无声”、“循循善诱”；值得一提的是，有些“教育专家”也常常这样“高屋建瓴”而又“语重心长”地教诲每天和学生打交道的一线教师：要“说服教育”，要多“谈心”，要多“讲道理”，要“感化”，“不能发火”呀……

但许多老师显然还没有修炼到面对错综复杂的教育难题特别是面对具体的违纪学生时能够“面不改色心不跳”的程度，他们——包括笔者实在做不到呀！于是，有人讥讽这些“专家”：“您说得太好了！那我把我的学生交给您，您来试试吧！”

应该说，“教育”本身就包含有惩罚的因素。教育，不仅意味着提高人的道德水平和知识能力水平，同时意味着按文明社会与他人交往的准则规范人的行为，即通常所说的“养成教育”。这种“养成教育”，带有某种强制性——这种养成良好文明习惯的“强制性”与我们现在反对的思想专制不是一回事。作为社会人，不遵循起码的公共规则与秩序是很难与人交往的。同时，在一个集体中，一个人违纪必然妨碍其他更多的人学习。这样，为了尊重多数人学习的权利，有时不得不暂时“剥夺”个别人的学习权利——也就是说，必须予以必要的惩罚。

什么是“惩罚”？我理解的“教育惩罚”，是对不良行为的一种强制性纠正。这既可以体现在精神上，也可以体现在行为上。前者如扣操行分或纪律处分（警告、记过等等），对严重影响课堂秩序的学生甚至可以请出教室让学生反思其过（对所谓“请出教室”我认为要具体问题具体分析，不好简单肯定或否定）；后者是某些过失补偿性行为（比如做卫生不认真而罚其重做等等）。这些惩罚与尊重学生并不矛盾，正如著名教育家马卡连柯所说："确定整个惩罚制度的基本原则，就是要尽可能多地尊重一个人，也要尽可能多地要求他。"

但我要说明的是，不管怎样的教育惩罚，都不能是体罚。有的朋友不理解我的这个观点，他们认为，既然是"惩罚"，怎么又不包括"体罚"呢？"体罚"不是"惩罚"的一种吗？

这又是一种误解。何为"惩罚"？"惩罚：严厉地处罚。"那什么叫"处罚"呢？"处罚：使犯错误或犯罪的人受到政治或经济上的损失而有所警戒。"而何为"体罚"呢？"体罚：用罚站、罚跪、打手心等方式来处罚儿童的错误教育方法。"（以上解释均摘自《现代汉语词典》）可见，"体罚"从词义上讲，是排除在"惩罚"之外的。只不过现在许多人一提到"惩罚"，总想到"体罚"，这是对"惩罚"一词在理解上的泛化。

我这里还要强调的是，科学的教育惩罚不仅仅是制止违纪现象的手段，而且还应该是有助于培养学生的民主意识与法治精神的途径。也就是说，教育惩罚不应该只是来自教育者，而应该来自学生集体意志。比如在我的班上，所有的惩罚都来自学生民主讨论最后无记名投票通过的《班规》，因此，这"惩罚"已不是来自教师的"铁腕"（如果这样，很容易导致教师不自觉的"专制倾向"），而是包括教师和学生在内的集体意愿。更重要的是，教育惩罚不能仅仅针对学生，同样应该针对教育者。也就是说，在一个集体中，班主任和学生都应该遵循共同的"规则"，而不能有任何凌驾于集体规则之上的特殊成员。在这里，教育惩罚充满了师生平等的法治精神。从教至今我当班主任已经二十多年，我多次因不慎违规而被学生依据共同制订的《班规》惩罚。我觉得，这不是我有意要"严于律己"、"以身作则"或者显示"打铁先要本身硬"；真正的民主教育，理应如此。

总之，教育不能没有惩罚，但惩罚不是体罚，而且我们提倡的“教育惩罚”应该充满现代民主精神。这样的“教育惩罚”使民主精神真正深入学生心灵：学生与班主任享有一样的权利，班主任与学生具有同等的义务。在这样的机制中，学生开始尝试着自我教育与民主管理的实践，切身体验着集体与个人、民主与法制、纪律与自由、权利与义务、自尊与尊他的对立统一关系，潜移默化地感受着同学之间、师生之间尊严与人格的平等。这样的教育惩罚，实际上是让学生在实践中受到民主精神、法治（注意，不仅仅是“法制”）观念、平等意识、独立人格的启蒙教育——而这正是面向未来的现代教育所应该包含的基本要义。

问：很多老师使用的管理手段最后竟然成了伤害学生的工具。但我们又不得不承认，大部分老师在使用管理手段促使学生成长的过程中，其出发点是好的，是希望学生转变成为一个好学生。但往往这种爱的手段和爱的方式最后竟成了对学生的伤害。想请教李老师如何使得班主任老师在付出爱心的过程中能收获爱的结果，而不致变得爱到最后竟然成伤害！（最好能给我们举几个例子）

答：亲爱的朋友，我一直没有明白你说的“很多老师使用的管理手段最后竟然成了伤害学生的工具”是什么意思，或者说，你说的“很多老师的管理手段”指的是什么，你也没有举例，所以我也无法准确地回答并“举出几个例子”。请你一定原谅我啊！

我只能揣摩。我估计你说的手段还是“体罚”或“变相体罚”，如果真是这样，那我要说——恕我直言，打人的老师绝无什么“好心”可言！

教师打学生的是与非，应该说是凡有起码良知的人都不难判断的。我感到不解的，是某些人（当然包括打学生的教师）对打学生动机的辩解："打学生当然是不对的，不过老师的心还是好的！""哪个老师不想为学生好，还不是恨铁不成钢嘛！""老师打学生，毕竟说明老师还有责任心嘛！"……甚至有的家长也对老师说："我的孩子交给你了，只要他不听话，要打要骂，随你便！"呜呼！面对童心的滥施淫威，居然也成了"好心"的体现、"责任心"的标志！

不好意思地说，我刚参加工作时也曾"好心"地打过学生，至今想起痛悔不已。从那以后，每当看到不少（而不是个别）教师打学生的现象，不禁就会勾起羞愧的回忆与真诚的反思。因此，我有理由说：教师打学生，绝无"好心"可言！有的只是专制之心和名利之心！我还是以我亲眼目睹的一次暴行（只能用"暴行"来概括）来作说明。二十年前的一天，我所教的初三尖子班（那时学校还可以"分尖子班"）的学生普遍挨了英语老师的教鞭（"教鞭"这个词对这位容貌温柔的女教师来说，真是名副其实），一位女生手腕上的金属表带都被打断了！原因仅仅是学生们没能听写出来英语单词！事后，这位教师说："没办法，我这是出于责任心。不这样严格要求，学生的成绩怎么上得去！"又是一个"责任心"！但无意中却泄露了名利之心——"这样严格要求"，"学生的成绩"当然很有可能就"上得去"；但以学生尊严与痛苦为代价换来的"成绩"会给这位教师带来什么？当然是奖金、职称之类的好处，还有"硬是有水平"之类的"社会声誉"。——试问：这样的教师，有何"好心"可言！

根治此类行径的办法当然很多，这里，我只想说一点：用《中华人民共和国未成年人保护法》武装每一个学生及其家长！愚昧是专制的温床，而法律则是尊严的金盾。只有让每一个学生及其家长意识到自己的尊严与权利，并成为“讲台暴力”的第一监督者和举报者，教师队伍中的个别败类才会真正感到威慑并无地自容！

问：爱的背后一定有某种价值观在起作用。举个简单的例子，有人认为生日的时候能够得到朋友送来的一朵玫瑰花，这是无上的爱；而有人却认为朋友要送他一枚贵重的戒指才算是爱的体现。成年人如此，其实学生亦然。一个班主任，面对的学生少则四十，多则六七十，他们的价值观差异很大，班主任应如何适应？

答：这位老师，我把你当朋友，所以直言你这段话不够明晰。尽管你举了例子，可我还是不太明白“爱的背后一定有某种价值观在起作用”的含义。你的意思是想说爱也有某种“功利”——或是“玫瑰”，或是“戒指”，是吧？而我认为，真正的爱是没有功利的。巧得很，我刚写了一篇评论《山楂树之恋》的博文，对所谓“纯爱”一词提出质疑：难道还有不纯的爱吗？同样，我觉得所谓“史上最干净的爱情故事”这个说法也很搞笑：难道还有“不干净”的爱情吗？如果“不干净”，还叫“爱情”吗？糖是甜的，醋是酸的，盐是咸的，这是天经地义的。难道我们还用得着说“甜糖”、“酸醋”和“咸盐”吗？还是回到说教育，我愿意再次强调，教师对学生的爱是不应该有任何功利的。昨天我还给学生说：“喜欢与爱的区别是，前者是迫不及待地占有，后者是不求回报地付出。”

反复揣摩你这个问题，我又似乎觉得你在说学生对老师有不同的期待和需求——可这与“爱的背后一定有某种价值观在起作用”有什么关系呢？（我始终觉得你对自己这个提问的表述不太清晰，当然咯，也可能是我的理解能力有问题，呵呵）请允许我估计着瞎回答吧！尽管有“因材施教”、“尊重个性”、“满足不同孩子的需求”等说法，我们也应该力所能及地尊重不同孩子的不同精神世界；但总体上说，作为班级授课制的学校，教师也只能大体满足孩子们的一般需求。要想一对一地照顾每一个学生的个性需要，是不可能的。那是家长的事。我们没有必要把不可能做到的“使命”一厢情愿地加在自己的身上。我们做到了我们教师能够做到的，并且尽可能做好，就可以了。亲爱的朋友，你同意我的说法吗？

问：人总是有感情褊狭的时候。换句话说，要做到将自己的爱无私地给予每一个学生其实很难做到。至少在我十几年的班主任生涯中，我没有做到。李老师，您真的像您所写的那样能对每个孩子都给予无私的爱吗？您怎样看待“博爱”？

答：尽管你说没有做到“将自己的爱无私地给予每一个学生”，但我还是对你充满敬意。因为第一，你已经尽量给孩子以爱了；第二，你还在苦恼自己对学生的爱还不够。你是有良知的教育者。

其实，你的苦恼可能源于你对教育之爱的理解不够正确或者说不够科学。比如，我不知道你说的“对每个孩子都给予无私的爱”是什么意思。如果指的是一视同仁地关注并尊重每个孩子，不因其学习成绩、家庭背景、经济状况、性格相貌等因素而有所偏爱与冷落，那我肯定做到了，而且我可以断定，绝大多数老师都做到了——包括你，因为这并不难。我想不通这有什么难做到的。如果这就是“博爱”，那这样的博爱是教育者应该具备的起码良知。

但如果你说的是教师消耗自己的健康，放弃自己的家庭，牺牲自己所有的业余时间，对每个学生都不顾一切地全身心地投入，所谓“一心扑在工作上”，那我肯定没做到，也做不到——即使做得到，我也不想那样做！我建议你也别这样做。有没有这样的教育者？有的！比如苏霍姆林斯基，他有一部书的名字就叫《把整个心灵献给孩子》。陶行知也做到了，他有一句名言：“捧着一颗心来，不带半根草去。”他们因此是圣人。可是，我们不是圣人，我们是普通人。对大多数老师来说，不可能也不应该要求他们在教育上如此“殉道”——苏霍姆林斯基可以说是累死的，陶行知也属于英年早逝。因此，我在为我校老师起草教师誓词的时候，我特意写的是“我立志把心灵献给孩子”，而不是“我立志把整个心灵献给孩子”。在我看来，应该允许我们的老师留点心灵给父母，给孩子，给爱人，给自己！对于普通老师来说，捧着一颗心来，带走半根草也没有什么的！我们正当的物质利益应该得到尊重与维护。如果站在“道德高地”居高临下地苛求老师们“无私奉献”，这样的爱太可怕了！当然，如果有老师自愿这样做，我将肃然起敬。但这不应该成为强迫。即使为教育事业着想，也不应该提倡——老师们都累倒了，谁去爱学生呢？

问：人的一生中总是会有许多让自己心存感动的片断。这些感动的背后往往牵涉着许多人的爱。学生的感动里一般都包含着班主任老师的关爱。然而，对于有些学生而言，这些感动能长久地保持在心底，并化为成长的动力。但对于有些学生而言，感动刹那间的力量维持的时间并不长。您在您的实际工作中是如何让您的爱心在感动学生的同时，又使得这种感动的效用最大化，成为推动学生转变的最伟大动力？

答：亲爱的朋友，你这个问题体现出你的责任心，这让我很感动。但是，我要真诚地告诉你，请不要高估爱的力量。教育是复杂的，爱不是教育的一切。以为由爱而产生的感动能够化为所有学生成长的动力，是天真的愿望。有时候，刹那的感动也能成为学生生命天空的一片绚丽的云彩，哪怕这朵云彩很快飘走。无数个这样的“感动刹那间”或许能够在不知不觉中化为学生生命的养料。

另外，爱，有时候能产生教育效果，但这不是我们的主观刻意的追求，而是一种“意外”。不要把爱当教育的手段或工具——为了达到什么“高尚”的教育目的，我便给学生爱，然后等待“爱的奇迹”出现。这样一来，教育之爱已经变味。爱就是爱，如同阳光雨露，洒到大地，能够滋润多少生命是由不得阳光雨露本身的，即使有些阳光雨露连一棵草都没能滋润，天空也不会叹息的。

所以我多次说，教育的爱是没有功利的，有了功利就不叫爱。教育效果的出现，“推动学生转变的最伟大动力”，仅仅靠爱是远远不够的，还需要智慧。当然，这是另一个话题了。我们有机会再探讨，好吗？

问：我们在对学生付出爱的同时，不禁希望获得学生的回报。（当然，这里的回报不是指物质上的，而是指学生的成长，比如，希望看到他朝自己希望看到的方向转变。）如果看不到，可能会再努力，再努力后还看不到，有时也会显得比较无奈，有时候甚至是选择放弃。您的班主任生涯中，有这样的情形出现吗？如果有，您后来是怎么克服的？

答：我不得不坦率地说，可能在这个问题上，我俩的认识不一致。你希望你的爱能够获得学生的回报，但我从来没有企图通过爱学生“获得学生的回报”，真的没有。这不是我有多么高尚，而是我一开始就没有把教育当生意做。搞教育，你要去计算什么“付出”与“回报”，结果将令你绝望。当然，我是职业教育工作者，我以教育为饭碗——我从来不觉得这有什么可耻或者境界不高，当然要获取报酬，但这是国家给我的工资，和学生无关。除了我应得的报酬，我不再想其他的“回报”。但是，我除了把教育当饭碗，我还把它当事业，因而有所研究有所探索，这个过程真的有滋有味。至于学生给我什么“回报”，我想都没想。

当然，我也不能反过来说你的想法有多么“可耻”，因为你所期待的回报并非什么物质报酬，正如你特别强调的那样：“这里的回报不是指物质上的，而是指学生的成长，比如，希望看到他朝自己希望看到的方向转变。”那我要说，学生的成长其实也是由不得我们当教师的。

一个人的转变（无论是好的转变还是坏的转变）是很复杂的，其原因除了来自教师，还来自家长，来自社会等因素。苏霍姆林斯基曾精辟分析有六种教育因素在同时对学生产生影响：教师、家庭、学生集体、学生本人、书籍、街头结交。教师只是其中之一。我们只能担负学生成长的部分责任——当然，这是非常重要的一部分责任，而不能承担所有责任。

我刚才就说了，我们没有必要把我们不该承担的责任硬扛起来。在我的教育生涯中，当然有最后也没按我的期待发展的学生，甚至我二十多年前教过的一个学生成年后还曾触犯刑法而坐牢。对此，我除了惋惜，并没有感到一点失职的内疚。道理很简单，从横向说，我只能负责他所受的学校教育这一部分；从纵向上说，我只能负责他成长的一段。我自认为自己尽力了，何疚之有？就像我从不把后来成长为杰出人才的学生视为我的功劳一样（一个人能够成为杰出人才，更多的是和他的家庭教育和父母遗传基因有关，和我关系不大），我也从不把学生即使后来走上邪恶之路简单地归咎于自己的教育。对此，我们做老师的，没必要自己跟自己过不去。所以，希望你也放下这个包袱。

问：班主任老师在学生面前可能是爱心的大使，然而，在日常生活和社会交往中，他往往显得比较弱势，往往又积累负面情绪。李老师在当班主任过程中有这种体验吗？如何克服的呢？如何不让自己的情绪成为爱心的包袱，为爱心蒙上灰尘？

答：呵呵，不好意思，我第一次听到“班主任老师在学生面前可能是爱心的大使”的说法。对此，我不好简单地同意或反对。如果“爱心大使”的“爱”包括了教育的严格要求、严厉批评甚至处罚，那这句话是站得住脚的。

但细读提问，我感到你这句话的意思好像是说，班主任老师在学生面前总是和蔼可亲、满面春风，那我要说，这可不一定。班主任老师完全可以在学生面前展示自己丰富的情感，包括必要时旗帜鲜明地表明自己的愤慨。我认为，班主任没有必要在学生面前如鲁迅眼中的刘和珍一样“始终微笑着，态度很温和”，只要和学生建立了信任与情感，嬉笑怒骂皆成教育。要让孩子们知道，老师也是有爱憎的，爱憎之中本身也包含着教育。

当然，如果是那种会妨碍教育或课堂教学的不良情绪的确应该有所克制，而克制是一种修养，它与胸襟有关，与淡定有关，与豁达有关，与平和有关……这种修养只能在历练中获得。我还没有完全具备这种修养，但我一直在努力。

与年轻时候相比，现在的我要沉稳多了，带着不良情绪进教室的时候明显减少，这除了我自己的修炼，还和学生的监督分不开。在我班的《班规》里，有专门针对我不良情绪的惩罚规定，而这些规定的执行者是学生。这方面有很多有趣的故事呢！大家可以参看我的有关著作。总之，教师修养的自我提高是一个没有止境的过程，我们一起努力，好吗?

PART2

第二辑　还教师以真实，给教育以诚实

教育是师生心灵和谐共振，互相感染、互相影响、互相欣赏的精神创造过程。它是心灵对心灵的感受，心灵对心灵的理解，心灵对心灵的耕耘，心灵对心灵的创造。让我们的教育有更多的民主，更多的平等，更多的科学，更多的个性！

反思“教师是人类灵魂工程师”

“人类灵魂工程师”据说原是斯大林对作家的称呼（参见陈桂生《“教育学视界”辨析·“教师是人类灵魂工程师”辨》），后来人们将其移用于教师身上，于是，至少在中国，“人类灵魂工程师”便成了教师特定的称谓。

在很长一段时间里，我为自己是“人类灵魂工程师”而自豪。我甚至觉得，“人类”“灵魂”“工程师”，由这三个词语组成的称呼是多么气势恢宏而富有诗意啊！青年时代的我，曾多次在写有关教育的文章时，使用这个短语：“无愧于人类灵魂工程师的崇高使命”“人类灵魂工程师不能没有自己的灵魂”等等，那时候，只要一提起这个短语，一种真诚的庄严感便会油然而生。

然而现在，我对这个称呼产生了怀疑。

“怀疑”是从我无法保证自己灵魂的纯洁和高尚而产生的苦恼开始的。比如说，我刚参加工作就忍不住对学生大动拳脚，如此修养当然是有愧于“灵魂工程师”称号的；又比如，有时学生对我提意见，我明知自己错了，却为了面子而“机智”地强词夺理，这样的虚荣心难道是“灵魂工程师”应该有的吗？再比如，我曾奉命动员学生为学校捐献图书，可我自己却很不情愿地只捐了很少很少的书，如此道貌岸然怎配当“人类灵魂工程师”？这样的例子是很多的。虽然这时候我往往后悔不迭，惭愧不已，但对当好“人类灵魂工程师”我是越来越不自信了。

相比之下，需要我“塑造灵魂”的学生在许多方面却比我高尚。我打了他们，他们真诚地原谅了我，照样尊敬我；面对老师的批评，学生从来都是诚恳认错，即使暂时想不通，也绝不会像我一样强词夺理；我叫他们捐书，有的家境贫寒的学生不吃早点，而省下钱买来新书捐给学校……我常常感到：比起学生那一颗颗晶莹的童心，自己的一颗所谓“成熟”的心其实早已锈迹斑斑！

这样一想，我对“人类灵魂工程师”的说法就愈加怀疑了。在我看来，“教师是人类灵魂工程师”这个命题至少包含三点谬误：第一，教师的灵魂肯定是比学生高尚，（否则怎么可能当“灵魂工程师”呢？）第二，学生的灵魂肯定不如教师，（否则干吗还需要“灵魂工程师”呢？）第三，学生的“灵魂”是可以被“工程师”随心所欲地“塑造”的。

教师的灵魂真的就比学生高尚？我前面所举的例子已经对此作了否定。传统教育习惯于把教师奉为道德圣人，但教师又不可能是道德圣人，于是，教育的虚伪就产生了。是的，就知识、能力、阅历等等而言，教师显然在学生之上；但就道德而言，却很难说学生不如教师。须知“人之初，性本善”，从某种意义上说，教育的过程并不是给学生外加“美好道德”而是让学生尽可能保持童心的过程。儿童的心灵比成人纯洁，这是不争的事实，无论是《皇帝的新装》中的小男孩还是我们每天面对的学生（包括有缺点的学生），都已无可辩驳地证明了这一点。

至于学生的灵魂可不可以“塑造”，我想，在我们的教育越来越走向民主与科学的今天，什么都是可以塑造的，唯有人的灵魂——即人的精神和个性是不能“塑造”的！“塑造”的前提是要有模式的，根据模式“塑造”出的灵魂是否还属于学生自己的灵魂？这个灵魂是否还有真正的生命？那段并不遥远的“八亿人民只有一个脑袋”的历史，已经对此作出了回答。

历史地看“人类灵魂工程师”这个命题，应该肯定它有着积极意义，这主要表现在它强调了教师育人的使命感，无数优秀教师正是以此严于律己，不断攀登着人格的高峰。当然，教育者以崇高的思想境界和高尚的道德标准要求自己，本身是没有错的。但这应该是一个贯穿终生的动态的追求过程，而不是意味着教育者已经达到了很高的人格境界。我们承认教师不是完人，承认教师在许多方面不如我们的学生，这并不是降低了教育者对自己的人格要求，恰恰相反，只有教育者随时随地意识到自己的不足，才真正有利于教师的不断完善。同样，我们承认学生在许多方面——首先在道德方面在我们教师之上，这并不意味着教师就放弃了对学生的教育责任。学生童心的保持，个性的发展，思想的成熟，能力的培养……都离不开教育。但这种教育，不应该是教师的居高临下与学生的俯首帖耳，而应该是教师与学生的共同成长。再明确一点说，就是民主的教育，就是教师在向学生学习的过程中教育学生。

由做学生的“灵魂工程师”到“向学生学习”，毫不夸张地说，这是教育走向民主化所不可缺少的思想革命。这场革命早在半个多世纪以前，就被陶行知先生呼唤过：“我们希望今后办训育的人要打破侦探的技术，丢开判官的面具。他们应当与学生共生活、共甘苦，做他们的朋友，帮助学生在积极活动上行走。”“人只晓得先生感化学生锻炼学生，而不知学生彼此感化锻炼和感化锻炼先生力量之大。”“谁也不觉得您是先生，您便成了真正的先生。”（《陶行知教育文选》）苏联杰出的教育家苏霍姆林斯基也曾这样告诫青年教师：“只有当教师在共同活动中做孩子们的朋友、志同道合者和同志时，才会产生真正的精神上的一致性。……不要去强制人的灵魂，要去细心关注每个孩子的自然发展规律，关注他们的特性、意向和需求。”（《把整个心灵献给孩子》）

向学生学习，就是还教师以真实，给教育以诚实。当我们在学生面前不再是神而还原为质朴、真诚但不乏缺点的人时，学生更会把我们当做可以信任可以亲近的朋友，而朋友般平等的感情，无疑是教育成功的前提。所谓“还教育以诚实”，就是面对现实中弥漫的教育虚假，教育者以自身的诚实一方面消解着虚假教育的负面影响，同时又以诚实培养着诚实。言行一致，表里如一，自己不相信的绝不教给学生，勇于向学生承认自己的过失，这应当成为教育工作者起码的职业道德。向学生学习，即使从教育的角度看也是对学生最有效的教育。学生从教师身上，看到什么叫“人无完人”，什么叫“知错就改”，什么叫“见贤思齐焉”……教育者对自己错误的真诚追悔和对高尚人格的不懈追求，将感染着激励着学生在人生的路上不断战胜自我，一步步走向卓越。

我不同意“教师是人类灵魂工程师”的说法，并不意味着我反对教育者应有崇高的使命感，而是主张将我们的心灵融进学生的心灵。从某种意义上讲，教育是师生心灵和谐共振，互相感染、互相影响、互相欣赏的精神创造过程。它是心灵对心灵的感受，心灵对心灵的理解，心灵对心灵的耕耘，心灵对心灵的创造。让我们的教育有更多的民主，更多的平等，更多的科学，更多的个性！——这是时代的呼唤，因为这是使我们的民族走向伟大复兴的希望之所在。

“伪教育科研”的十大表现

教育科研的重要性不言而喻。如果说“科学技术是第一生产力”，那么说“教育科研是教育发展的第一推动力”应该是毫不夸张的。在深化教育体制改革、全面推进素质教育的今天，“科研兴校”成了不少学校最响亮的战略口号和最自觉的实践行动，而“做一个科研型的教育者”也成为许多普通教师的崇高追求。

然而，我们也不能不看到，由于种种原因，在一些学校“教育科研”已经远离实事求是的科学精神而正在变味。注意，我在这里将“教育科研”四个字加上了引号——也就是说，我认为，我们一些“教育科研”（不是所有）已经不是真正的教育科研，而正在沦为“伪科学”。

“伪教育科研”现象主要表现在以下十个方面——

一、迷信权威，亦步亦趋

科学研究是一项创造性活动，所以教育科研的理论工作者应该通过对教育规律新的探索，给我们提供新的思想、新的观念、新的策略、新的方法等等。而一切人云亦云的“理论”或仅仅是为别人的思想“作注”的

“体会”都不是真正的教育科研。

然而长期以来，我们不少教育科研工作者所从事的主要工作，正是为权威们的思想提供“论证”而“说服”普通的教师。回想这么多年来，我们所津津乐道的教育理论大多是国外的教育家：时而皮亚杰，时而布鲁纳，时而布鲁姆，时而马斯洛，时而桑代克……当然，这些饮誉世界的教育家无疑有着高瞻远瞩的真知灼见，他们的教育理论对我们的教育事业的发展无疑有着积极的指导作用；但学习他们的理论毕竟不能取代我们对自己具体教育问题的研究。对他们教育理论的阐释是必要的，将他们的理论运用于中国的教育实践更是应该的。但“阐释”和“运用”不能代替创造性教育科研。跟在别人理论后面不停地“作注”，绝不是真正的教育科研。

另外，多年来我们一些教育理论工作者往往“唯上”，根据领导人最近发表的什么谈话或什么题词然后确定自己的“主攻方向”：领导人说“知识经济初见端倪”，便大谈“知识经济与教育改革”；领导人说“创新是一个民族进步的灵魂”，便大谈“素质教育要以创新能力的培养为重点”；领导人说“要加强中小学生思想政治工作”，便大谈“改进德育的必要性”……

亦步亦趋，怎能算是真正的教育科研；迷信权威，又焉能产生真正的教育家？

二、“课题”崇拜，华而不实

如果从教育科研的针对性和目的来说，任何真正的教育科研毫无疑问都是有特定课题的；但现在许多教育者特别是一线校长和教师心目中的“课题”，主要是来自上级教育行政或科研部门下达的“课题”——什么

“市级课题”、“省级课题”、“国家级课题”等等。在相当多的教育者看来，所谓“教育科研”当然就是搞“课题”啦！而且，“课题”的级别越高，说明自己的“教育科研”的水平质量也越高。于是，几乎所有校长都特别希望争取“课题”，也不管这个课题是否符合本校实际。“课题崇拜”由此产生。

因为在现在的中国，所有的“教育科研课题”一旦立项开题，定会成功，而绝不会失败。难道不是吗？试问，这么多年来，全国中小学承担了多少“课题实验”？这些课题有哪一项被宣布过“实验失败”？本来，既然是科学研究，就必然存在着成功和失败的双重可能，而对于真正的科学研究来说，失败也是有意义的。但唯独中国的教育“课题实验”，无论其过程如何，一旦到期，专家验收时均宣布“取得了预期的成果”。人们常说“春华秋实”，可我们好些教育科研课题却“华而不实”。这样的“教育科研”，科学性何在？

无论是苏联的苏霍姆林斯基还是中国的陶行知，都是公认的一流教育家。但我不知道他们的教育科研“课题”是谁给下达的，又是谁“验收合格”的。

三、眼睛向上，追赶时髦

大约十年前，上级有关部门强调各学科教学都应体现德育渗透，于是，笔者所在学校有位生理卫生教师便申报了一个“生理卫生教学中的德育渗透”的课题，一年后结题时，该教师果然写了一篇课题报告，大谈“消化系统与德育”、“神经系统与德育”、“生殖系统与德育”等等，这份“实验报告”还获得了当年市级科研论文二等奖。

类似的真实的笑话绝非个别现象。我们好些教育科研课题的“灵感”

往往来自“上面”——教育行政部门或教育科研部门的文件。当一位校长在拟定教育科研课题或一位教师在考虑科研计划时，往往首先想到的是：“最近上面有什么新的精神？”即使所设想的课题或计划是来自教育实践，形成文字时也一定要用“新精神”来包装——如果最近强调“多媒体教学”，就拟定“多媒体教学中的素质教育尝试”的课题；如果最近强调“社会实践”，就提出“社会教育与学校教育的关系初探”的课题……于是，教育科研成了“赶时髦”。

真正的教育科研课题从何而来？当然应该从实践中来。也就是说，所有有志于教育科研的人，都应该眼睛向下，面对教育实际，面对实践，面对我们的学生。教育科研课题应该是在教育实践中自然涌现出来的，当教育者的教育实践遇到困惑时，教育科研课题正在破土而出。而一切跟着风向转的“教育科研”都只是大街上招摇一时的“时装”而已。

四、故作“特色”，滥贴标签

稍微回忆一下，这么多年来，全国中小学所总结的“模式”、概括的“特色”、提出的“口号”是何等的令人眼花缭乱！

应该充分肯定，多年来我们绝大多数学校的领导和教师在全面提高教育质量方面确实殚精竭虑，做了大量扎扎实实的工作，而且取得了巨大的成果。这一过程本身就是最贴近现实而又最实在的教育科研，如果实事求是而朴实无华地将这些探索和成绩总结出来，也就是很好的科研成果。但是，人们往往有一种认识误区：不提“口号”，不提“模式”，不贴“标签”就不叫教育科研“成果”——至少这个“成果”就没有“档次”，即使有“档次”也缺乏“新意”！本来大家的教育实践都是差不多的（因为教育本身就是朴实无华的，哪有那么多的“花样”啊），可是一旦形成

“论文”、“报告”，“特色”便出来了，而且这种“特色”往往通过口诀式的数字化短语来概括，什么“三自”（“自我教育、自学能力、自主发展”）、“四主”（教育主动、教师主导、学生主体、人格主线）等等。还有“模式”的泛滥，目前各种各样贴着“××教育”标签的“流派”至少就有好几十家。需要特别声明的是，我绝不是一概否定这些“特色”、“口号”。事实上，有些教育模式确实来自科学的实践而且对提高教育质量起到了巨大的推动作用。但是，在所有“标新立异”的旗帜中，有没有“伪劣产品”呢？

五、说做各异，阳奉阴违

如果仅从总结汇报材料看，全国几乎所有中小学的素质教育搞得都非常好，因为几乎没有一所学校在谈到教育科研时不罗列一些“做法”和“特色”。这其中当然有许多学校是名副其实的，但也不乏虚有其名者。对于有的学校来说，其“科研报告”充满说服力：有理论阐述有实践支撑还有成果印证，让人很难怀疑其真实性。但如果与该校平时的实践对照，其所谓“教育科研”便显出了虚假性。因为这些学校在向上级汇报时所说的与平时工作中所做的是两回事，所谓“素质教育轰轰烈烈，应试教育扎扎实实”，便是对这种现象的尖锐讽刺。

虚假“科研”还有一种表现，就是同样一种材料可以应付不同的科研课题验收。比如，某个学校在课堂教学改革中确实取得了一些成果，那么，这项成果将被“万能”用于应付各种场合：“主体性课题研究”结题时可以用，“减轻学生过重课业负担”实验总结时可以用，“创造教育探索”课题验收时可以用，“学法指导探索”汇报时可以用，“陶行知教育思想实践”现场研讨会也可以用……

每当上级要来进行教育考察或某项科研课题面临验收时，往往就是一些学校突击弄虚作假的时候：临时进行各种问卷调查以充实“原始资料”，赶紧补写必不可少但平时又没有写的各种材料，马上开设平时根本没有开的有关课程，精雕细刻并反复演练用于课题汇报的“公开课”，在学生中进行“统一口径”的有关教育，等等。

六、冠冕堂皇，以售其奸

在“素质教育”的口号深入人心的今天，没有谁会公开宣称要搞“应试教育”，但确有人拉大旗作虎皮，接过“素质教育”的旗帜而大搞“应试教育”，而“教育科研”便是他们最冠冕堂皇的外衣。

最典型的例子就是在“科研课题”幌子下大办各种“实验班”。过去那种以提高升学率为目的兴办的“重点班”早已遭到社会谴责而臭名昭著，可是现在这种“重点班”又已经堂而皇之地卷土重来了，不过它已经换了一个充满素质教育改革气息的名称，叫“××课题实验班”。真正的教育科研是离不开实验和实验班的，而且现在确实有许多学校的“实验班”是名副其实的教育科研实验。对这些实事求是的教育探索者，我表示真诚的敬意。但我这里批评的“实验班”现象，却是挂羊头卖狗肉，骨子里仍然是“应试教育”。有这样一所学校，为了保证高中招生时，本校的优秀生源不流失，便在初一学生进校起通过择优考试将全年级学习最拔尖的学生集中起来办了一个“素质教育实验班”。以后的三年里，该班的教学一切都围绕升学转。到了初中毕业前夕，学校又以“教育科研课题”需要“跟踪实验”为名强行让“实验班”学生书面保证高中一定留在本校，并与校方签字画押。由于这个班本身就是“尖子班”，所以后来无论中考、高考，这个班的升学率都非常高。于是，在“实验班课题”验收时这自然被校方大肆宣扬为“教育科研成果辉煌”！

这种“科研”，恐怕绝非个别吧？

七、论著晦涩，不知所云

读不懂教育论文、教育论著，这已经是许多教师的共同的苦恼和自卑。不信，请读一读一篇题为《语文课程的本质：构建读写及审美的经验》的论文的开头：“语文的主体是广泛的，复杂的，无穷的。这是指它作为知识本身不仅包含着基础的认知符号系统及其内部规律，同时包含着与之对应的人的情感状态、价值判断、过程描述等主体的共时性体验。因而，人们在教授和学习它时，不可能像对其他学科那样系统，有层次，有梯度地进行线性方式的知识传授和接受，而是要更大可能地构建学习主体能够深入、持续的语文学习的内在体验。在今天，尤其重要地凸现在现代教学中。……”

我是教语文的，但我既读不懂标题更读不懂内容。我请教了好些语文教师（包括语文特级教师），他们也说“不知所云”。毛泽东当年批评“党八股”时说有些同志写文章是“下决心不要群众看”，而现在也有那么一些“专家”写教育科研文章是下决心不让教师看懂的。他们喜欢玩弄时髦术语、新潮概念，喜欢这样“原则”那样“性”地构建“理论大厦”。好像这才是“教育科研”的“学术规范”，才是真正的“科学态度”。但是，当我们读到卢梭，读到苏霍姆林斯基，读到陶行知等真正教育大师精辟深邃而又亲切平易的教育理论著作时，那些晦涩高深的“教育科研”论著立刻便现出了“伪科学”的面目。

八、职称论文，虚假写作

教育科研是“做”出来的，而不是“写”出来的。即使最后的课题报告或论文，也是科研实践瓜熟蒂落之自然结晶。然而现在有许多论文是闭门造车硬写（甚至抄）出来的。为什么？因为评职称需要发表论文呀！于是，为职称而写作成了“教育科研”的全部内容。

《中国青年报》曾展开过“中小学教师评职称是否非要有论文发表不可”的讨论。我认为，第一线的中小学教师结合自己的工作实践写出并发表教育论文，当然是一件很有意义的事；但这只能是提倡而不能通过评职称时的“一票否决”来强制。即使要将论文与职称评定挂钩，也只能是“在同等条件下有论文者优先”。因为一旦强制便极有可能弄虚作假，而这样的虚假论文现在实在是太多了：有的剽窃别人的论文拿去发表，有的请人代写论文然后投寄报刊，有的通过托关系“走后门”在报刊发表文章，有的干脆就花钱买“论文”——各种收取“版面费”的报刊或“论文选编辑部”便因此应运而生。

因此，“论文”等于“科研成果”，就成了人们的“共识”。于是，在不少学校，每当向上级汇报或年终总结时，校长谈到“教育科研成绩”，总要罗列“论文”数：在市级刊物发表了多少，在省级刊物发表了多少，在国家级刊物发表了多少，而全然不管这些所谓的“论文”究竟有多少教育科研真正的“含金量”！

九、虚张声势，热衷炒作

真正的科学研究，其过程必然充满曲折与艰辛。在没有取得成果时，科学研究本身是一件远离喧嚣、甘于寂寞的事。教育科研也是如此，苏霍姆林斯基如果没有三十多年如一日在乡村中学默默无闻的教育探索，他就不可能成为杰出的教育家。

然而，现在搞“教育科研”却是一件很“风光”也很容易“出名”的事。当然，毋庸置疑，真正的教育科研能够促进学校的发展，所谓“科研兴校”正是这个意思。但现在一些学校搞“教育科研”却是“醉翁之意不在酒”，他们更多的是把教育科研视为“打造”学校“品牌”、“树立”学校“形象”的大好契机。于是，自我炒作便是“顺理成章”的了。有的学校与名牌大学合作搞“课题”以壮声势，有的学校邀请众多教育“名人”“大腕”参加“课题”论证或“课题”鉴定，有的制作精美画册、多媒体光盘宣传“科研成果”，有的通过各种途径将“课题报告”挤进各种《××教育大词典》、《××名校大词典》之类的巨著……当然，这一切都离不开报纸、电视台的“配合宣传”。往往一次小小的“课题研讨会”却被策划成“盛大的节日”！

若真能取得实实在在的科研成果，这样劳民伤财倒也可视为不得不付出的代价。问题是这样的折腾，往往是没有什么真货的，因为折腾者要的就是“热闹”本身而不是实际效果。

十、“科研”牟利，以饱私囊

蓬勃兴起的教育科研之风，推动了各学校教育改革的深化；同时也成了一些利欲熏心者眼中的“商机”，于是现在有些“教育科研”充满了铜臭味。笔者曾在一所中学亲耳听一位某师大教授对该校校长说：“你们拿出一万元，我保证为你们申请到国家级课题；然后再花点钱，我叫我的几个研究生蹲在你们学校帮你们总结总结，这科研成果不是就出来了吗？我以前帮好几所学校指导课题都是这样成功的。”但这个建议被校长婉言谢绝。

我对这位实事求是的校长肃然起敬，但我又不得不产生联想：那位教授炫耀的“好几所学校”的“成功”不知蒙骗了多少人！当然，我相信那位教授的那种做法绝不带有普遍性，但打着“教育科研”的幌子而行以牟利为目的的勾当，恐怕很难说是个别的。比如，打着“科研”旗号而成立各种“学会”或“中心”，这些“学会”或“中心”往往又挂靠某杂志或某报纸，于是，以“研讨会”或推广“研究成果”为名便可堂而皇之地办班并推销各种资料了。总有那么一些“教育专家”会根据教育“行情”不断推出各类“教育科研”书籍，其他的例子不用多举，就以眼下来说，贴着“创新教育”标签的“论文集”、“教学辅导”、“能力训练”之类的读物就不计其数。

如此“科研”，除了填满某些人的私囊，于教育何益？

以上种种“伪教育科研”现象的出现，其原因是复杂的，这与我们目前的教育评估不够科学有关，也与目前盛行的某些不良风气有关，它甚至还有着难以详述的更深刻的社会原因和历史原因。因此，其责任不能完全怪第一线的教育者。实际上，从某种意义上说，第一线的教育者也是这种“伪教育科研”的受害者。这是笔者必须说明的。

还需要特别指出的是，以上种种“伪教育科研”现象，绝不代表我国中小学教育科研的全部。新中国成立以来，尤其是改革开放以来，我们的教育科研所取得的成就是有目共睹的——比如，今天所倡导并已成为全民共识的“素质教育”，从某种意义上说，正是教育科研的理论成果。但在充分肯定成绩的同时，清醒地意识到其中存在的弊端，恰恰是为了让我们的教育科研事业能够继续健康地发展，进而取得更辉煌的成就。我们可以想象，如果每一所学校、每一位教师都实实在在地进行教育科研，中国的教育发展将会是一个怎样蓬勃的景象？

呼唤陶行知所倡导的“真教育”，让实事求是之风回归教育科研——我相信也是所有教育工作者的真诚心愿。

不轻易对任何学生丧失信心

“没有教不好的学生，只有不会教的老师”这句话，我记得最早是老教育家陈鹤琴说的——当然，后来包括霍懋征等名师也说过类似的话。现在这话被不少教育者广泛引用，而且引起了争论。我想，陈鹤琴当初说这话时，一定不会引起误解的。因为任何话都有特定的含义。陈鹤琴之所以这样说，在我看来，他是强调教育者对孩子的一种责任与信念，和教育者基于这种责任与信念对自己的严格要求。这句话的真理性在于：不轻易对任何学生丧失信心。

换句话说，这句话只是教育者的严于律己，但并非一种教育评价标准。

但问题在于，现在一些教育者——特别是一些担负一定领导职务的教育者，把这句话当成教训老师的“绝对真理”，于是，便引起了老师们的反感，进而引起了争论。

有没有“教不好的学生”？我的回答是：“可以说没有，也可以说有。”说“没有”，必须具备两个条件：第一，家庭教育和社会教育非常理想，只差学校教育这一环时；第二，“好”的标准不是一个标准，而是针对每一个具体学生，让他在原有的基础上有所进步，这里的进步可能是综合的，也可能是某一方面的。说“有”，是因为在现在的评价背景下，即使老师“会教”，可“教不好的学生”仍然大批量地存在。道理很简单：无论高考还是中考，都是选拔性考试，其目的就是要让一部分学生被淘汰，即被“教不好”——都教“好”了，还怎么“选拔”？

即使抛开考试评价不说，就以思想品德教育而言，是不是所有的学生都能被“教好”呢？理论上好像是这样的。因为任何人一出生，都是一张白纸，谁也不会从娘肚子里带来一身恶习。但问题是，我们教育所面对的不是一张白纸，而是已经被家长、被社会涂抹过许多印迹的纸，要想在这张纸上重新画出美丽的画儿，不是不可能，而是无法保证百分之百的成功。家长是孩子的第一任老师，是教育这一链条上的第一环，我们面对的学生已经是被加工过的半成品；同时，孩子还潜移默化地受着社会的影响——这都决定了我们的教育不是从零开始。如果绝对地说“没有教不好的学生，只有不会教的老师”，那为什么会出现学校之间的“生源大战”呢？既然“只有不会教的老师”，那还抢什么“优生”呢——而且是不择手段地抢？

我一直坚信，教育不是没有作为的。因此，在我的教育历程中，我总是问自己：对于具体的某一个“后进生”，我是否已经尽到了我能够尽的最大努力？20年的实践告诉我，如果我们不用一把尺子衡量学生，绝大多数“后进生”都会有进步的——不一定成为栋梁之才，但至少可以成为一个合格的公民，成为最好的自己。

同时，我也始终认为，学校教育不是万能的。在一个人的成长过程中，学校教育的作用最多占三分之一，另外两个三分之一分别是学生所受到的非学校教育（包括家庭教育、社会教育）以及学生自己的自我教育。

我们不能做超出我们能力和责任范围的事，我们只能在我们力所能及的范围内，尽可能地把我们的工作做好——这样，即使个别学生最终也没有被“教好”，我们问心无愧！

“没有教不好的学生，只有不会教的老师”——如果这是教师的自励，我对这样的教师表达十二分的崇敬；如果有人以此苛求教师，我对这样的苛求者表示十二万分的遗憾——甚至反感！

把教育当饭碗并不可耻

“不要把教育当职业，要当成事业。”这是我们经常听到的一句教诲。

对把教育当事业的人，我怀有真诚的敬意。所谓“把教育当事业”，我理解至少有两个含义：第一，研究；第二，创新。有事业心的教师，面对教育的所有现象，都能够以一种研究的眼光去打量与审视，并自觉地（而非外在的强迫）进行研究。这种研究不是抽象的理论推导，而是结合自己每一天的每一个教育行为（课堂教学、班级管理等）进行分析、比较、质疑、琢磨、提炼等等。有事业心的老师总是具有一种超越自己的欲望，不愿意简单地重复自己，哪怕是同一篇“教熟了”的课文，针对不同的学生，或者在不同的时期，也希望能够讲出新意；哪怕是富有经验的班主任，面对新的班集体，也努力追求带出新的个性与特色。如果说，把教育当饭碗，能够满足教师物质生活的需要；那么，把教育当事业，则还能给我们带来自我价值实现的精神收获。我们不能苛求每一个教育者都把教育当事业，但是毫无疑问，一个把教育当事业的老师能够获得更多的幸福感。

但是，由于种种原因，并不是每一个教师都能把教育当事业，相当多的教师仅仅把教育当做职业。对此，我们同样应该予以宽容。在尊重个性、倡导多元的今天，我们要尊重一些老师不把教育当事业的自由。

既然做了教师，就应认认真真地上好每一堂课，这本来就是我们安身立命的饭碗。我们经常听到这样的忠告："不要把教育当做饭碗，而应该……"其实，把教育当饭碗无可厚非——作为教师不把教育当饭碗，吃什么？所以通过本职工作谋取生活的物质基础，一点都不耻辱。有人会说："当成饭碗可以理解，但不应该仅仅把教育当做饭碗。"我说，应该允许有教师仅仅把教育当做饭碗，因为绝大多数老师都是普通人。而且，如果一个老师真正把教育当饭碗，因而珍视这个饭碗，怀着敬畏之心（怕失去饭碗）对待自己的职业——认真备课，认真上课，认真批改作业，认真辅导学生……比起教育家们的追求，这个境界也许谈不上有多么高尚，但绝对不低下。现在教师队伍中依然有少数教师，敷衍塞责，误人子弟，相比之下，忠于自己饭碗的老师同样令人尊敬。

类似"不把教育当职业"的说法还有"不做教书匠，要做教育家"之类，我是很不以为然的。"教书匠"怎么了？一个教师能够在每一堂课上都匠心独运，那也是一种境界呢！也不容易呢！如果人人都想着做"教育家"而鄙视做教书匠，其实很可怕。

学校大门对面有一个修鞋的老师傅，每天早晨天刚亮，他就坐在那里了，直到天黑才收拾摊子回家。我曾请他帮我补过鞋，有时也去擦鞋。每次他都一丝不苟，极为认真。我想，是谁让他这么爱岗敬业，这么起早摸黑，这么一丝不苟？并没有什么领导监督着他，也没有什么制度约束着他，一切都因为他敬畏自己的饭碗——他怕失去饭碗啊！所以，补鞋也做得那么精心，那么自觉。

如果我们每一个老师，都像老师傅对待自己手中的每一只鞋一样对待我们每一堂课，多好！怕只怕有些教师的工作态度连自己的饭碗也对不起。

质疑所谓“第十名现象”

所谓“第十名现象”，据说是杭州的一位小学老师发现的。媒体介绍，这位从教近20年的老师，有意识地对1990年前后毕业的150名小学生作了跟踪调查，结果在这些如今已上大学或工作了的学生中间，发现了一个“耐人寻味”的“第十名现象”，即前三名之后，第十名前后直至二十名的学生，在后来的学习和工作中“出乎意料地表现出色”，并成长为“栋梁型”人才；相反，那些当年备受老师宠爱、成绩数一数二的优秀学生，长大后却淡出优秀行列，甚至在其后的升学和就业等方面屡屡受挫。

这位老师进而分析——许多教育专家也这样分析道，排在第十名左右的学生虽然成绩普通，但大都个性比较活泼、灵活性强，读书较为轻松，且兴趣广泛。老师不大注意这批学生，反而培养了他们独立学习、独立思考和创作的潜力；同时，由于他们没有争一二名的心理压力，读书心态较健康，不会只懂强记死背以应付考试，令他们有充足的后劲，进步和成才的几率也就相应提高。北京一家大报在报道这项“研究成果”时用了这样的标题：《“第十名”才是栋梁材》。

然而，我一直就对这项“研究成果”表示质疑。

我一点都不否认“第十名现象”发现者的“数据统计”，但我想问：他对自己已经毕业的学生进行调查所得出的这个结论，有多大的普遍性？我也从教20年，教过学生数以千计，我怎么就没有感觉到有什么“第十名现象”呢？是的，我的学生中的确有读书时成绩中等——也就相当于“第十名”吧——而日后也卓有成就的，但这绝不是规律。根据我对已毕业学生的大体统计来看，绝不是尖子生成才少，而“第十名”成才多；应该说，还是读书时品学兼优的学生成才的要多一些。但我不愿将其概括为“尖子生现象”。因为我想，既然是一项带有普遍性的教育成才规律，就应该有相当规模的调查和相当时间的跟踪。根据一个教师所教的学生调查所得出的结论，就认为是普遍规律，未免草率了一些。

我曾到过长沙第一师范，看过记载毛泽东在校情况的一些原始资料，这些资料无不显示出，毛泽东当年无疑属于“尖子生”；我曾到过胡锦涛同志的母校江苏泰州中学，该校老教师告诉我，胡锦涛当年在中学时品学均出类拔萃。这是不是就可以将其概括为“第一名现象”呢？同样，我先后任教的两所中学乐山一中和成都石室中学，都是文化巨匠郭沫若的母校，而当年郭沫若在这两所学校的表现都属于“差牛”；我曾看过一些媒体报道，现任俄罗斯总统普京小时候在校是个让老师头疼的“小混混”；而大家所熟知的科学大师爱因斯坦读小学时连简单的手工劳动都做不好……这又可不可以称其为“最后一名现象”呢？

当过教师的都知道，所谓“名次”是根据学生的每次考试成绩排列出来的，而很少（注意：我说的是“很少”而不是“没有”）有学生连续固定在十名左右或其他名次上——包括第一名。而对于居于第十名的学生来说，这第十名也绝非是他追求的固定目标，他的目标往往还是第一名——所谓这类学生“没有争一二名的心理压力”是教师的想当然。何况，如果某个学生为了“保持个性”为了“学得轻松”而想安居第十名，这几乎是不可能的，其结果往往是第二十名乃至更靠后。哪里去找长期不变的“第十名”？

这里面还有一个问题：所谓“成才”之“才”如何理解？“第十名现象”发现者所持论点的依据之一，是他参加某次学生聚会时，出席的三十二个学生中，有三名工程师、两名副教授、两名局级干部、三名副局级以及四名公司经理。工程师、副教授、局级干部和经理当然是人才，但李素丽式的劳动者难道就不是人才？甚至没有当上劳动模范但同样给社会作出贡献的普通劳动者就不是人才？我认为，都应该是人才！都说教育要讲个性，那么，这“个性”也包括每一个学生不同的成才标准。那些在校时的一二名日后没有当上局长、经理就意味着他们“淡出了优秀行列”？美国总统卡特当选之日，有人去向他母亲表示祝贺，说她培养了一个杰出的儿子，卡特母亲说：“还有个同样杰出的儿子呢！他是卡特的弟弟，正在我家后面园子里种地！”在这位母亲眼里，只要做得出色，当总统和种地一样是人才！

我注意到，最初提出“第十名现象”是针对小学教育的，但后来媒体炒作时，将其作为基础教育的普遍规律。当然，相比起中学生，小学生的可塑性更大，但因为这样，我认为，恐怕不仅仅有“第十名现象”，因为日后成才的绝不只是“第十名”，也可能是第二十名乃至第三十名等等。

其实，无论小学还是中学，培养人都是很复杂的，每一个学生都是一个独一无二的精神宇宙，需要教育者依据不同学生的个性真正因材施教。每一个学生成才的道路也不尽相同，这里面不仅与学生所受的学校教育有关，还涉及机遇、时代和社会条件等因素。单纯以一个“第十名现象”来概括教育与成才的关系，至少是不严谨的。

——教育哪有这么简单？

追求真正的理想

湖南一位老师因为在课堂上对学生说“读书是为了挣大钱娶美女”，而被媒体炒作成为一个“事件”。我一直关注此事，并明确反对他所谓“读书是为挣大钱娶美女”的观点。有人认为是记者断章取义曲解了这位老师的原意，可惜他本人并不领情，至今看不到他叫冤，相反我们看到的是他“如果说服不了我，我还这样教学生”的顽强。有人说：“他说真话有什么错？”但我从来都不认为这位老师的问题是一个什么“说真话”的问题——至少我与他在思想上的分歧根本就不在于是否说真话，而是作为教育者，在特定的场合（入学教育的课堂）面对特定的对象（学生）应该说怎样的真话？在入学教育时面对所有学生，确实有一个起码的责任感和良知的问题。

我对冠冕堂皇的说教也十分厌恶，但我仍然从心底向往一种真正的崇高——特别是在这庸俗弥漫的时代。我同样十分反感空谈民族和祖国，但我们不能没有社会责任感。其实，个人价值与献身社会是一致的。17岁的马克思在其作文《青年在选择职业时的考虑》中写道："在选择职业时，我们应该遵循的主要指针是人类的幸福和我们自身的完美。不应认为，这两种利益是敌对的，互相冲突的，一种利益必须消灭另一种的；人类的天性本来就是这样的：人们只有为同时代人的完美、为他们的幸福而工作，才能使自己也达到完美。"这话多好！这难道就不是真话？的确，不能认为个人价值的追求与服务社会是矛盾的，一个人在完善自己的同时也完善着社会，反之，一个人在完善社会的同时也完善着自己。

现在，这位"说真话"的教师被"处理"了，他因此而再次成为舆论的中心。支持他观点的人为他鸣不平："说真话居然会付出如此代价！"即使不同意他观点的人也感到震惊："他的观点虽然是错的，但也不应该受到如此严厉的处理呀！"于是，人们围绕对他的处理是否"合法"是否"恰当"又展开了争论。我对有关的教育法规不是非常熟悉，对有关部门处理的具体细节也不甚了解，因而无从判定对这位教师的处理是否恰如其分。但我更关注的是，人们如此关注一个普通教师的饭碗，这说明了什么？

表面上看，是他被"解聘"的结果引起了强烈的反响。但我想，如果这个结果只是他被批评，是不是大家就能接受呢？显然不是。因为从这名教师言论被披露开始，就有不少人对其观点提出了批评。然而，即使是比较温和的批评，不只是他本人而且还包括他的许多真正的同志也不能容忍，他们拿出一副"我说真话我怕谁"的大无畏气概，将一切真诚的崇高统统指责为"虚伪"、"假大空"。在他们看来，这位"说真话"者不但不能批评（更不用说处分了），而且还应该树为“说真话”的“英雄”，而他被解聘更使他俨然成为英勇无畏而又蒙受冤屈的哥白尼、张志新。一些反对他观点的人现在也对他的“下场”感到遗憾，觉得解聘他的工作是操之过急过重或者干脆就是“于法无据”。究竟应该对这名教师如何处理不是不可以讨论，但我从这些朋友“冷静”、“理智”的评论中，感到也许是因为他们对教育系统的一些规定不太了解——比如，有人认为解聘是学校的事，教育行政部门无权干涉，而事实上在相当多的地区现在对于教师的人事权是在教育局而非学校——所以对他寄予了太多不应有的同情。无论是赞同其观点者的愤慨，还是反对其观点者的同情，我从这些“不平”与“震惊”中，看到的是一种对“官方”对社会的强烈逆反：人们见到太多的成克杰台上说反腐败而台下搞腐败，便感到这名教师“毕竟实话实说”；人们见到太多赤裸裸的追名逐利之徒，便不相信这个世界上居然会有“为中华之崛起而读书”的有志者；人们见到太多的领导专横跋扈并以精神高压对待下属的任何不同意见，便对所有的被批评者被处分者抱以真切的同情……一句话，长期以来我们社会盛行的伪神圣假崇高，使越来越多的人本能地反感一切“官方的东西”和“主流的东西”——这次人们围绕这名教师被解聘所发出的种种不满之声，绝非就事论事，而是情不自禁地倾泻了久积于心的逆反情绪。不然，生存危机远远比这名教师更严重的教师多得很，怎么没见有这么多的人去为他们的饭碗“仗义执言”？

让人们恢复对真正理想主义和英雄主义的信任与追求，让我们的社会在充满正义精神的同时又真正体现民主气息，这是我们的国家（包括每一个公民）应该追求的目标。也许只有真正到了那一天，这名教师的言论以及引发的反响才不会成为一个让社会注目的“事件”。

也谈班主任兵法

《班主任兵法》的作者万炜是我很欣赏并敬佩的老师，也是我的老朋友。大概八九年前，这本书中的内容还在我的教育论坛上陆续贴出的时候，我曾经在后面跟帖，除了对作者善于思考勇于创新精神的赞赏，还有不同观点的碰撞："无论如何，用兵法来对付孩子是不妥的。"

这样直率地和他争鸣，我认为这展示了一种真正的君子之交。我多次对学生说："朋友之间是否真诚，重要的标志之一，便是彼此能够当面说'不'。"前不久我碰见万炜老师，我说："我最近写文章对你的《班主任兵法》的书名提出质疑，你知道吗？"他说："我还没看到呢！"我便说了我的观点，他真诚而谦虚地说："我同意你的观点。我的本意也不是你理解的那样。我现在在外面讲学，经常也给老师们解释我的本意。"

是的，我知道所谓"兵法"之说只是作者的比喻，而且书中有许多精彩的案例充满了教育者的智慧，这智慧背后就是作者对学生的爱。但我依然不同意"兵法"这个说法。因为这种说法可能会给一些年轻老师一种误解，好像教育就是军事，学生就是敌人。

多年来，我们习惯于把一切（经济、文化、教育等）都视为军事行动。比如“钢铁元帅升帐”、“新长征突击队”、“大兵团作战”、“大会战”、“打一场……歼灭战（或‘人民战争’）”、“占领高地”、“卫生战线”、“教育战线”……现在，连班主任工作都有了“兵法”之说，是不是这种思维在教育上不自觉的体现呢？

把自己的工作“军事化”，意味着把工作对象视为需要战胜甚至消灭的敌人，同时为了目的可以不择手段。两军对垒，狭路相逢，这些是必须的。但教育不能这样。兵法只能用于对付敌人，不能用来对付学生。因为学生是教育、培养、转化、感染的对象，而不是消灭的对象。我当然知道，“班主任兵法”并非是说班主任要把学生从肉体上消灭，但这种说法，在观念上首先就把学生放在了敌对面。我不能不说，这与现代教育应有的尊重、信任、平等民主观念实在相差太远。

也许有老师会说：“您太认真了吧？这里的‘兵法’指的是教育转化学生的技巧，是破解难题的具体方法。”但我还是认为，技巧也好，方法也好，都不是孤立的，都必须与教育者的教育思想、教育情感相联系，如果我们在思想深处把教育当做“战斗”，把教育的过程当做算计学生、征服学生、战胜学生的过程，其间充满计谋甚至权术，什么“瓮中捉鳖”、什么“以毒攻毒”，还有“游击战”、“阵地战”……恕我直言，这样的教育太可怕了。因为当我们玩弄学生于股掌之中最后“大获全胜”的时候，“人”已经失落了。

教育者不可能不讲智慧，这里的“智慧”就包括了技巧与方法，但技巧和方法绝不是“兵法”。教育智慧饱含着民主的思想，散发着人性的芬芳；而战场上的敌我双方是不可能也不应该讲什么“民主”与“人性”的。教育有时候甚至离不开善意的“欺骗”与必要的惩罚，但即使是所谓“欺骗”与惩罚，出发点依然是对孩子的爱与尊重。我从来认为，班主任工作乃至整个教育，首先是发自内心对学生的爱和现代民主思想，方法、技巧从来都是第二位的，而且这些方法与技巧从来都是因人而异，绝没有“放之四海而皆准”的什么“万能钥匙”。

教育需要智慧，但不需要“兵法”——因为我们面对的是成长中的孩子，而不是我们必须消灭的敌人。

我相信，万炜老师也会同意我这个观点的。

给学生干部发工资是否妥当

今天的《东方时空》“时空连线”节目的新闻标题是：“给学生干部发工资是否妥当？”节目说河南先锋学校为该校小学学生会干部发工资，每月根据小干部们工作的质和量，由学校财务支出给每位学生会干部发5—45元不等的“工资”。该校负责人解释这样做的理由是，这是一种面对市场经济的“教育探索”或者说是一种“教育实验”；他们认为学生总要走上社会的，应该给他们以“金钱教育”，让他们感到挣钱不容易，树立正确的“金钱观”。

我却以为，以给学生干部发“工资”这种做法来进行所谓“金钱教育”是不妥当的。

是的，在当今时代背景下，对学生进行“金钱教育”（严格说起来，这个提法是很含混的，但姑且将就这样说吧）是必要的，但是否“金钱教育”就是通过“金钱”来“教育”呢？换句话说，如果不给学生干部发“工资”，就不能进行正确的“金钱教育”了吗？

成人在付出劳动后领取属于自己报酬的一份工资天经地义，因为其职业是社会劳动分工的结果，领到的工资实际上是与社会其他人劳动的交换。而学生干部的劳动显然不属于社会分工的一部分，他们领到的所谓“工资”也不属于“劳动交换”所得。也就是说，学生干部——无论是学生会团委干部还是班干部乃至小组长，他们的工作都是作为学生应尽的义务，是分内事，而非“额外的劳动”。这种义务，这种分内事，就如同他的功课一样，是他在成长过程中必须完成的一门“做人的学问”！

这里还有一个问题，学生干部所做的事是帮校方分担的劳动呢，还是为其他同学提供的服务？从河南先锋学校给学生干部所发“工资”的财务支出看，好像是前者，因为发“工资”的钱是由学校财务承担的——如果真是这样，学校便有雇用童工之嫌。但从节目报道的内容看，孩子们所做的都不过是一般学生干部应该做的很常规的事，也就是为同学服务——既然如此，这笔钱应该由被服务的同学来承担（当然，实际上最后是由学生家长承担）呀！可这样一来，又麻烦了——因为同学之间的服务本来就是互相的：今天你帮我收作业本，明天我帮你打扫卫生，如此等等，那岂不是在学生之间天天都应该有“货币流通”？

还有个更关键的问题，不管这笔钱由谁支付，反正学生干部有“工资”，那么，当班干部便成了一个名利双收的“美差”：既赢得了为同学服务的美名（如果晋升为某一级的优秀学生干部，还可以享受高考中考加分的待遇），又获得了一笔不算太少的“工资”（须知在相当一些学校，班主任的津贴也只有十几二十元啊）。可是，哪些学生才能拥有这样的待遇呢？也就是说，班干部是由学生“普选”产生，还是由老师“提拔”？如果是前者，会不会出现拉选票甚至行贿之风呢？如果是后者，老师会不会成为学生及家长的重点“公关对象”？

当然不能说每一位学生都会为金钱而当班干部，但制度如此，必然给学生干部的“官念”熏上浓浓的铜臭味；这样，不管给学生干部发工资的初衷如何善良而高尚，“腐败从娃娃抓起”必然成为无可奈何的现实。

我想再次强调一下，学生干部所做的一切服务性工作，都是学生在成长过程中必须修炼的一门人生的课程。尽管这门“课程”现在并不是每一个学生都有机会修炼，也就是说，现在在一些学校，学生干部还不是每一个学生都有机会当；但我认为，这正是现行班干部制度应该改革的地方：第一，班干部应该直接由全体学生选举产生，这个过程本身就是民主教育体验与实践；第二，学生干部——“上”从学生会主席团委副书记（好像学校团委书记一般是教师兼任），“下”到小组长、课代表——应该由学生轮流担任，让尽可能多的学生都能为他人服务。民主的教育绝不应该让学生干部成为一种“特权”，更不应该使当学生干部成为谋取私利的途径。

学校的确不应该是脱离社会的“乌托邦”，学生也是明天的社会人，因而学校应该面向社会、面向学生的未来实施教育。但这并不意味学校教育就是赤裸裸的“金钱教育”、“竞争教育”、“生存教育”——如果这样，人类所赋予教育的真善美的理想，将荡然无存，我们的教育将失去其崇高的人文意义。我认为，与市场经济相联系的正确的教育，应该是把市场经济所蕴含的民主精神、法治观念、诚信品质、平等人格、创新能力、效率意识等等贯穿于我们的学校教育，而不是“一切向钱看”的教育。当然应该教育学生有正确的“金钱观”（包括“消费观”），但这完全可以通过引导学生正确计划使用零花钱、帮助家长理财甚至让学生干部管理班费等途径来实施。

我注意到节目中两个细节。一个细节是，校方一位老师解释说，某学生干部的工作主要是“检查清洁卫生”（这一点我记得不太清楚，可能不只是“检查清洁卫生”吧），这说明学生干部的工作的确就是为同学服务；还有一个细节是，领到“工资”的一位小女孩得意地对记者说：“这份工资与家长给的零花钱不一样，这是我劳动挣来的。”可见，学生干部已经将当干部与挣钱联系在了一起。看，仅仅是为同学服务，就可以“挣钱”。“当官发财”这种典型的封建意识，很自然地穿着“创新教育”的时装在这种“教育探索”中潜移默化地根植于学生幼小的心灵中！

——这可能是真诚致力于面向未来培养学生现代意识的实验者当初没有想到的吧？

教育语言要通俗

阅读近年来的一些教育文章，“生命意识”之类的说法让我好生疑惑。

我不知道这个短语究竟是什么含义——“让班级活动充满生命意

识”、“课堂教学应该流淌着生命意识”、“教学是师生生命的互动”、“作文教学的生命意识”、“让教育成为体验生命意识的过程”、“增强学生的生命意识”、“教师生命意识在教育行为中的体现”……这些表述的确动听，却缺乏明确的内涵：是指教育要尊重学生的个体生命，还是说教育学生尊重生命？或者是教育过程中应该充满勃勃生机？

并不是说“生命意识”不能用，我的意思是说使用一个短语的时候应该有清晰的内涵和特定的指向：是生理意义上的“生命”，还是精神意义上的“生命”，或者是二者皆有？似是而非往往让人云里雾里，明明很通俗的意思却弄得玄而又玄。

与“生命意识”相类似的说法还有所谓“生命教育”——在如今一些教育论文中，“生命教育”随处可见，然而都语焉不详：有时好像是指关于环保的教育，比如珍爱小动物，热爱地球上的生物，等等；有时好像又是指珍惜生命的教育，比如善待自己和他人的生命，树立科学的生死观，等等；有时好像又是指与生命有关的生理卫生教育，比如人是从哪儿来的，如何正确看待自己的生长，等等。我知道汉语有一词多义的特点，但作为一个已经成为常用的短语，总应该有相对比较科学而稳定的含义吧？

当然，哪怕是教育科研论文，也完全可以用形象而生动的言语修辞增强感染力，因此，“课堂是师生生命的流淌”“让教育闪烁着生命的色彩”之类的表述我认为完全可以——几年前，叶澜教授一篇《让课堂焕发出生命的活力》，便是用诗一般的语言表达她对新基础教育课堂改革理想境界的呼唤；问题是，一旦用上“××意识”“××教育”这样的术语，对其涵义的界定就应该尽可能严谨准确。如果语义不明，必然会妨碍真实思想的表达，对于一篇教育论文而言，其科学含量也会大打折扣。

有时，如果根据上下文仔细揣摩作者的意图，我会隐约感到，“生命意识”也好，“生命教育”也好，好像无非就是强调“教育要目中有人”，“要讲人性和人道”，“要有人情味”，“要尊重学生鲜活而自由的精神世界”……如果真是这个意思，直说不就行了吗？何必要用意义含混不清的“生命意识”、“生命教育”呢？其实，类似“让教育充满人性”的观点，在中外许多教育大师那里有着非常精彩的论述，而他们论述的语言又是非常朴素的——朴素得让人不得不承认，最通俗的语言同样可以揭示最深刻的教育真谛。

漫谈“有偿家教”

这是一个敏感的话题，但我还是想实话实说。

除了有时给本班后进生和朋友的孩子进行一些辅导之外，我是从不做家教的，更不要说“有偿家教”了。这不仅仅因为我感到做语文家教远不能像辅导数理化那样立竿见影，而如果收了人家的钱却收效甚微我会于心不安；更重要的是，我实在太忙，我觉得自己的时间应该花费在比做家教更重要的事情上。

但是，我原则上不但不反对教师做有偿家教，而且我认为，正当而规范的有偿家教无可指责。

教育当然不仅仅是教学方面的知识传授，因为学生到学校接受的教育，是包括了知识传授、能力训练在内的人格培养。但仅就以补习知识为主要任务的家教而言，学生实质上是把教师请到家里购买知识。这里确实有一个“市场”因素：供求双方都有需要，市场必然形成。我以前曾认为，只要学校能够真正保证对每一个学生负责，真正保证教育质量，那么，就不应该有需要请家教的学生。现在我觉得这个想法偏颇。从理论上讲，学校当然应该对每一个学生的学习负责，但任何教育都不可能让每一个学生达到同样的标准，再加上学生个体之间的种种不同，所以，学生成绩的差距永远都是一种客观存在。如果在理想的社会里，这种学习差距不应该成为学生发展的障碍——大学生有大学生的发展天地，高中生有高中生的成功舞台，所谓“七十二行，行行出状元”。但问题是，事实上目前在我们的社会中，只有大学生才有发展天地，而选拔考试尺度又只有一个，于是，“千军万马”必然要去“过独木桥”。是的，学校有义务让每一个学生享受成功的快乐，但这里的“成功”应该是每一个学生在其原有基础上的进步，而不是一个统一的标准。如果是面对高考应试，以班级授课制为唯一教学方式的任何学校，都不可能保证每一位学生达到同一水平；可是，想考大学又是任何一个孩子及家长的需要——于是，家教市场应运而生。应该说，一对一的面对面教学，尽管也不能保证所有被辅导者都能考上大学，但这种方式确实更能因材施教，因而能让更多的孩子考上大学。事实已经证明，家教在帮助许多中等生和后进生升学方面，是有成效的；其实，不仅仅是对中等生和后进生，有些学习上的尖子生为了考名牌而请家教“开小灶”，同样效果明显。因此可以说，弥补学校应试教育之不足，有偿家教功不可没！

社会对教师做家教最大的反响是教师家教的高收入，许多人看到有的教师一个月家教收入很高，便觉得不正常。我倒认为，对家教高收入不可一概而论，关键看其是否合理合法。教师做有偿家教虽然谈不上多么高尚，但也绝对不可耻。我知道，在我们的教师队伍中，确实有不少教师长期不计报酬地为学生补课，这种无私奉献的精神令人敬佩，因为这是一种“毫不利己，专门利人”的共产主义精神。这种精神可以在教师中提倡，但在社会主义初级阶段却绝不可强迫所有教师都这样。对一般教师的道德要求，只能是职业道德和社会公德而非共产主义道德。教师在自己的业余时间里，以自己的知识与技能通过劳动得到收入，无可厚非！且不说，一些地方老师连工资都不能按时领到，他们通过做家教来维持生活不但令人同情，而且这种自救令人敬佩；即使是在深圳等经济发达地区，老师们通过家教来使自己的腰包更加充实，也不应该受到指责。须知，这也是教师的血汗钱，比起那些贪官污吏靠腐败所获得的“来源不明”的收入，教师的这份血汗钱，至少干净一百万倍！

当然，有偿家教现在并非没有一点问题，现在社会上对教师做有偿家教的批评也不全是出于“红眼病”或“思想保守”。可以这样说，现在在许多地方，在职教师有偿家教的市场基本上是处于无序状态。要让有偿家教健康发展，必须予以规范。具体说来，我认为这种规范至少应该体现在以下三个方面——

第一，禁止教师对本班学生进行有偿家教。前面我说过，任何学校都不可能让所有学生齐步走，这是就学校班级授课制而言。但对每一个具体的教师而言，辅导学生包括在课余时间为后进生补课，都是教师职业范围内的事情。如果允许教师给自己的学生做有偿家教，势必会使一些师德低下的教师在正常教学时间内不太关注后进生，然后在课后通过有偿家教对他们进行个别辅导。绝不能说没有这样的教师，我曾经任教过的某学校就有一个这样的同事——每到周末，她家客厅里的补课者总是座无虚席，有时甚至连阳台上都坐着学生，而这些学生全是她班上的“差生”；更令人惊讶的是，据后来这些学生的家长说，这些“差生”都是她在家长会上一一点名确定的！尽管后来教委根据家长的举报严肃处理了这位老师，但她所造成的恶劣影响却一时难以消除。有人也许会问：难道给自己班上学生做家教与给别的学生做家教有什么区别吗？当然有区别！给本班学生进行个别辅导是教师的义务，而教师对别的学生并没有补课的义务！对本班学生来说，“因材施教”是每一个教师应该遵循的教育原则，不放弃任何一个学生是每一个教师应该恪守的职业道德——不，不仅仅是道德，更是职业规范。

第二，防止教师因有偿家教而影响自己正常的教育教学工作。有偿家教应该是副业而非正业，但如果不予以规范，有的教师则可能将其当做正业，而把完成学校教学任务当成副业。

确实有这样主次颠倒的教师，其表现主要体现在两个方面：一是利用上班时间搞有偿家教，比如利用晚自习辅导学生的时间搞有偿家教，或者白天上班时间为高考落榜的学生进行补习，这样的有偿家教直接占用正常工作时间，已经违反了学校纪律了。二是占用大量应该用于备课和批改作业的时间进行有偿家教。我这里也有一个现成的例子，一位青年数学教师，每天放学后总要留一些成绩优秀的学生到办公室帮他批改全班作业，而每天晚上他则在办公室搞有偿家教。事情败露后，他还在领导面前狡辩说，他叫学生批改作业是“培养学生的能力”。还有的教师因为搞有偿家教而得不到应有的休息，上班时间精神不佳，影响教学效果。这都是不能允许的。

教师职业的特点，就是工作不可能在八小时之内完成，而或多或少地要占用教师八小时以外时间。如果教师能把八小时以外的时间安排协调好，在不影响正常备课、批改作业和进修的情况下，适当做点有偿家教是可以的，但绝不能因此而影响正常教育教学任务的圆满完成。

第三，要对教师有偿家教之“有偿”进行合理调控，并使之公开化、透明化。现在的家教费确实是暗箱操作，这为一些教师漫天要价提供了可能。

有的人认为，既然是市场经济，那就是“周瑜打黄盖——一个愿打一个愿挨”，两厢情愿的事，别人管不着！这种看法不对。市场经济合理公正的价格体系，是建立在良好的多元选择机制之上的。而由于种种原因，现在学生对家教老师的选择却是非常有限的，因此，一些高得离谱的家教费是家长被迫“自愿”付出的。

另外，至少在目前，教师由一个普通人成长为一个高水平教育者，其成本投资方主要是国家（尽管现在师范大学也逐步收费，但只占整个培养费的一部分，更何况现在能够做有偿家教的骨干教师大多是国家当年无偿培养的），而国家的这份投资里面就包含了所有纳税人的钱。在这个意义上说，搞家教的教师没有上限地高收费是绝对不合理的。因此，有关部门应该对有偿家教的收费进行科学管理，比如建立相应的中介机构，家教收费能够得到规范而明码实价管理。这样，使买方和卖方的合法权益都能得到维护，同时通过收费的公开透明，也能使应有的税收不至于暗中流失，从而使国家的利益也能得到保障。

在对教师加强职业道德教育的基础上，通过制定相关法律或法律性文件以规范秩序，再建立并完善来自社会特别是来自学生及家长的监督机制——只要做到了这几点，有偿家教就没有什么可怕的。我以为。

PART3

第三辑　尊重每一个孩子

如果我们赤裸裸地把世故和虚伪教给学生，让他们“现实”一些，面对邪恶和虚伪别那么“愤世嫉俗”，别那么“走极端”，也许他们会活得很滋润，八面玲珑，长袖善舞，如鱼得水……那我们的教育成什么了？

为成都市叫停中小学校服喝彩

据《华西都市报》2006年4月6日报道："记者从昨日召开的成都市义务教育工作会议上获悉，成都市将不允许中小学强行要求学生统一穿着校服。"

我看了这条消息的第一反应是：终于盼来了这一天！

多年来，对于强行中小学统一校服，我一直腹诽。当然，也只能"腹诽"而已。作为一个一线教师而且还是班主任，我懂得"下级服从上级"的道理，因此，尽管对强行统一校服深恶痛绝，但在行动上我绝对和上级保持高度的一致——郑重严肃地要求学生统一穿校服，对于不穿校服的学生轻则批评，重则"请"到德育处交给上级处理（此种做法有点类似于国际关系中将矛盾"提交联合国"）。

其实，我非常理解校服提倡者良好的初衷，比如"防止学生之间穿衣的攀比虚荣之风，利于学生们养成勤俭朴素的美德"，"便于学校统一管理学生"等等；如果认识再"深刻"些，还可以从"更好地促进校园文化建设"高度认识统一校服的深远意义。从理论上说，这些说法似乎都站得住脚。但实际效果究竟如何呢？

据今年年初《南京晨报》报道，1月11日下午，记者来到六合区居民王女士家中，她的女儿在六合区高级中学附属双语学校读初二。在女儿的百般劝说下，她很不情愿地打开家中的抽屉，拿出了一张皱巴巴的建设银行存折，准备下午去银行取700元钱。记者看到，存折上数额为2000元整。王女士说，这些钱是她家目前的全部积蓄，但如今又要拿出700元钱准备支付校服费。她再三表示，这可是女儿再三哀求之下才答应的，做家长的不能不考虑女儿在学校的“面子”。王女士翻开衣柜，拿出两套崭新的校服给记者看。“这是去年上半年刚买的新校服，隔了好长时间才拿到手，女儿一次都未穿，今年女儿发育得很快，这些衣服都已经嫌小，根本穿不了了，准备拿给女儿的表妹穿去。”向记者反映情况的部分家长也遇到类似王女士这样的情况。

这样的报道，我已经不止一次看到。毫不夸张地说，不少学校的校服已经让学生家庭不堪经济重负，有的学校甚至要求学生一次性订购多套校服，因为孩子一天天长高，一些学生家庭已经积压了多套完好无损的校服。这些充分说明，强行统一校服恰恰造成了极大的浪费，所谓“养成勤俭节约的美德”云云，从何谈起？

校服背后的腐败已经不是秘密，只是人们心照不宣而已。前不久，因在统一定做学生校服中收取回扣，原重庆市涪陵区教委勤工俭学服务中心主任罗中海日前被法院判处有期徒刑10年。这个案件，不过只是展示了校服腐败的冰山一角。作为班主任，我坦率地承认，我也曾吃过不多的校服回扣（层层回扣到了一线班主任手里当然不可能多）。不过，即使有的学校声称“绝不赚一分钱回扣”，我认为，也不能强行统一校服。

校服是教育者强加给孩子们的。我之所以说是“强加”，是因为很少有学校（当然不是绝对没有）的校服是由学生自己设计的，因此，我所看到的校服实在是无法突出少男少女的活泼之气青春之美。那天我在成都市营门口附近看到一群“国民党匪兵”骑着车横冲直闯，定睛一看，原来是一群刚刚放学的初中生，身穿电影里的国民党军队的制服，所不同的是，孩子们的制服没有领章，而是手臂上戴着少先队员的臂章！我恍然大悟，原来孩子们穿着校服呢！如此不伦不类，让我感到说不出的滑稽。回想多年前，我读初中的美丽女儿穿着大得极不合体的深蓝色校服，简直就像是阿富汗小难民！在那一刻，我触目惊心地看到了校服对美的摧残！

都说青春是多彩斑斓的，但现在，青春的色彩就是校服的色彩！30多年前的中国人，被外国人称为“蓝蚂蚁”；而现在的中小学，依然是“蓝蚂蚁”、“白蚂蚁”、“红蚂蚁”、“绿蚂蚁”……

我曾经鼓起勇气和一位提倡校服的校长争论，对方是这样说的：“学生统一校服能让我感到一种整齐统一的美！”我不知道这位校长的心态在教育者中有没有代表性，但是许多教育者都喜欢让学生统一穿着，觉得那样，学生的精神面貌才美。为了让教育者感到一种“美”，就强行规定每一个学生都必须穿统一的服装，这是不是太专制了一些？学生连自己穿什么服装都不能选择，教育有时候就是这样好心地剥夺着孩子的自由！

教育，从某种意义上讲，就是给人以自由，一种脱离蒙昧而能够自己理性地主宰自己进而“从心所欲不逾矩”的自由；一种认识、适应和改造环境（自然和社会）的自由。这里的所谓“自由”，当然不是为所欲为，它的底线是对他人权利的尊重，是法律。这是不言而喻的。然而，长期以来，中国的教育只有教师的自由而没有学生的自由，而教师的自由往往建立在对学生自由权利的侵犯上。

在没有自由的环境中长大的孩子，必然人格萎缩，而且成人后也很难尊重别人的自由。如果说一个人的生活领域可以分成公共领域和私人领域的话，那么教育的实施则主要在公共领域内发生。而所谓“私人领域”，则指公民那些与公共事务无关的活动范围，如选择什么样的朋友、到什么地方旅游、喜欢唱什么样的歌曲、穿什么样的衣服等。公民的个性主要在这个私人生活领域中发展，别人无权干涉；虽然人总会受到他人的影响，但自然的影响与强行的干涉不是一回事，自发的模仿与“必须这样不能那样”的命令也不是一回事。所谓公民个性，就是指由这种个人自由选择并稳定下来的生活习惯、价值观念、行为方式、审美态度、娱乐休闲方式等组成的综合结构。现代社会的多元化也就是指这种私人生活领域的多样性、丰富性、差异性。我们现在的教育最大的弊端之一，正是挤压着属于学生个人自由的“私人领域”：除了上面提到强行统一校服，另外在诸如课外阅读、听流行歌、安排自习内容、确定发型甚至和别人通信等方面，我们的教育现在是不是干涉得太多了？我们能不能让学生也能拥有自己的私人空间？

给学生以自由的精神天空，其意义还不仅仅是为明天的更加健全的民主社会造就现代公民，而且还关系到我们民族是否真正具有创新的生机活力。

细想起来，我可能是中国最早统一学生穿着的教师了（至少是“之一”吧）。早在参加工作之初的1982年，我在创办“未来班”的时候，就要求学生们统一买一套运动服（男生绿色，女生红色），当时的目的是为了参加集体活动时展示班集体的风采，而且也只是在运动会、歌咏比赛等活动时穿。我之所以提起此事，是想说明，我并不绝对反对统一学生服装，在某些特定时间特定场合，比如开学典礼、节日庆典等等，适当统一穿着也不是不可以，只是不要每天都穿。既然青春的花朵绚丽斑斓，那就让校园缤纷多彩吧！

上面的话我已经憋了好多年，现在成都市教育局在全国率先叫停中小学校统一校服，就凭这一点，我就为自己是成都市的教师而自豪。并借此机会将多年的腹诽公开一吐为快。

教育中的悖论

品学兼优的高三学生李金川自杀了。

说他“品学兼优”是有依据的。“俺这娃从小学习就好，上小学和初中时，他得的奖状在家里贴了一面墙。”李金川的父亲说。“他是我们班第一！”这是李金川的同学在记者面前对李金川的评价。“李金川学习非常好，中考，李金川考进了全市前50名，在刚上高一的一次考试中，李金川更是因为成绩优秀得到了学校发的50元奖金和奖品。”这是记者在采访中了解到的情况。

自杀的原因已经在其遗书中写得清清楚楚：“跟虚伪同在一个社会里真没意思！”

媒体在谈到他时常常爱用“19岁的男孩”，而我更愿意叫他“男子汉”，不仅仅因为他已经过了18岁（当代中国，总有太多的超龄的“男孩子”），更因为他宁死不与邪恶妥协的行动本身表明了他是一个真正的男子汉。从这个意义上说，他的死，其意义不在任何以死抗争的仁人志士之下，比如陈天华，比如范熊熊……

当然，我并不赞成李金川以这样的方式抗争，毕竟轻率地结束自己的生命是不足取的，面对邪恶，他应该更坚韧，更成熟。但既然他的生命已经离我们而去，作为教育者，面对他的遗书，我们就应该认真反思我们的教育和我们的社会。

李金川在遗书中有一连串质问：“我带着憧憬来到这所梦寐以求的高中，迎接我的(是)残酷的现实。×××，虚伪、势利，外强中干。为什么我的高中第一个班主任会是你？你让我对这所学校产生了阴影。有人看见你在段长(年级长)办公室看黄色(录像)，你就恁憋得慌，在家看不中？还有没有人民教师的样子？批评了某局长的儿子又把人家叫到走廊上去道歉，你咋就恁恶心？……”

这一个个问号，是一双纯净眼睛对污浊现实的逼视，是一个纯真灵魂对虚伪社会的质问，是他生命的绝唱。

作为一个教育者，读到李金川的遗书后不禁在想，是谁给了李金川质问的勇气？

其实，他遗书中所谈到的一些现象，他的许多同学都已经习以为常。“这样的事在我们学校很正常。”这是李金川的一个同学对记者的说法。当许多人对不正常的事感到正常的时候，李金川却感到窒息，感到绝望，感到“跟虚伪同在一个社会里真没意思”！

于是，有人说他有“心理疾病”。新密市教体局向中国青年报记者提供的一份名为《关于新密市实验高中学生李金川死亡事件的有关情况说明》写道：“平时性格比较孤僻、内向，很少与人交流。有神经内科医生认为，如性格过分孤僻，心理压力过重，易诱发抑郁症，让人走向极端，也可能导致自杀倾向。”

这是什么逻辑？如果一个人的想法和大多数人不一样，而且把这不一样表达出来，甚至以死明志，周围的人，都会说他“有病”“不正常”。我想到了当年鲁迅笔下的“狂人”。

究竟是年轻的李金川有病，还是我们的教育乃至我们的社会有病？

李金川真的是一个“有病”的人吗？

无论如何，李金川应该是老师眼中的品学兼优者，“上小学和初中时，他得的奖状在家里贴了一面墙”。这“贴了一面墙”的奖状，展示着我们的教育给他优秀品质的肯定和褒奖。

毫无疑问，无论是从李金川同学的评价，还是他的遗书，都表明他有一双明辨善恶的清澈眼睛，这双眼睛容不下一粒丑恶的沙子。这不都是我们教育给他的吗？——善良、真诚、正直以及对邪恶的毫不妥协……这些品质正是包括他遗书中提到的班主任在内的所有老师给他的啊！十二年所接受的教育，让他相信教育所赋予他的真善美，并把这种相信化为一种自觉追求。

是的，正是我们的教育给了他一双明辨善恶的眼睛和质问邪恶的勇气；然而，当他用这双眼睛去审视不甚美好的现实时，特别是用老师教给他的善恶标准去打量他的老师时，他当然会感到惊讶，感到迷惑，感到窒息。当他用最后的生命质问言行不一的老师的时候，我们却说他“抑郁症”，说他“走极端”，一句话，他“有病”！

这真是一个怪圈！教育给了他质问丑恶的勇气——坚守真诚、善良与正直的李金川，不正是我们希望培养的好学生吗？可是，正是教育教给他的真诚、善良与正直让他感到“跟虚伪同在一个社会里真没意思”。

我想到了二十多年前的宁晓燕。在拙著《爱心与教育》中，我记录了这位品学兼优的女孩子的人生悲剧——同样是教育的悲剧。纯洁、善良、正直、聪慧的宁晓燕也是我们的教育一手培养的优秀学生。和二十多年后的李金川一样，当她用老师赋予她的明澈双眼打量老师和周围世界时，她感到了迷茫，感到了窒息。在宁晓燕看来，自己美好的理想与丑恶的现实是激烈碰撞的，自己高洁的品格与污浊的世风是不可调和的，自己纯真的个性与混沌的环境是尖锐冲突的。她感到自己走到了人生的尽头，她决心做“真、善、美”的殉道者。最后她选择了死亡。

从宁晓燕到李金川，教育一直有一个悖论：我们用积极向上、善良正直的教育培养我们的学生，可如果学生真正听进去了，并把我们的教育变成他们的执著追求，他们竟然感到难以生存；然而，如果我们赤裸裸地把世故和虚伪教给学生，让他们“现实”一些，面对邪恶和虚伪别那么“愤世嫉俗”，别那么“走极端”，也许他们会活得很滋润，八面玲珑，长袖善舞，如鱼得水……那我们的教育成什么了？

写到这里，我真不寒而栗。

师生谈心是心灵间的对话

前不久，我在批改学生作文的时候，看到一个女生在作文本里面夹了一张纸条：“李老师，我遇到困难了，想请你帮我，能和你单独聊聊吗？”下午放学后，我把她请到办公室促膝谈心。原来她父母最近离婚，她接受不了这个现实，心情很郁闷，一上课就发呆，甚至不想读书了。我耐心地开导她，和她聊了一个多小时。谈心结束时，她真诚地说：“谢谢李老师！我现在心情好多了。以后我有什么困难，还找你！”我说：“可以！我就是你的110！”

身为副校长同时又担任班主任和教学工作的我，现在每天都坚持做“五个一工程”——上好一堂语文课，找一个学生谈心或书面交流，思考一个教育问题或社会问题，读不少一万字的书，写一篇教育日记。在这“五个一”中，最重要的是“每天找一个学生谈心或书面交流”。在我看来，离开了和学生心与心的交融，一切教育都谈不上！

所以，从教二十多年来，做学生心灵求助的110，成了我的第一分内事。虽然很累，但很愉快，更以此而自豪！

但是，如果我是无锡市的教师，恐怕这“110”就做不成了。不但做不成，而且上面所说的和那个女生促膝谈心，还成了“违规”行为。

据媒体报道，无锡市教育局最近出台了《2006年全市学校安全及综合治理工作要点的通知》，其中明确规定：“任何教职员工不得将学生特别是异性学生留在教室、宿舍或其他僻静场所进行单独谈话、辅导或帮助料理其他事务。”

据说这个《通知》已经出台了有一段时间了，但我居然是4月1日那天才知道的，当时我第一个反应是：今天是“愚人节”，当不得真的。我还为这个“愚人”的创意而叫好，真是幽默到家了！巧的是，4月1日我刚好在无锡市讲学。那天在礼堂舞台上给一个班的高中学生上的班会课，是谈论“爱情”这个话题。面对第一次见面因而比较拘谨的学生，为了缓解他们的紧张，我说了几句玩笑话：“今天我要谈的话题，本来应该只适宜于与同学在僻静场所单独个别交谈的，但是，因为听说无锡教育行政部门刚刚做了个规定，说严禁任何教职工单独和异性同学在僻静场所接触，所以，我不敢违犯，只好入乡随俗，把这个隐秘话题拿到这个公开的场所和你们集体谈话！这样就不违反无锡市教育局的新规定了。”学生们哈哈大笑，台下几百名听课的教师也热烈鼓掌。那一刻，我觉得自己能够参与今年的“愚人节”，真是开心！

今天——2006年4月8日，中央电视台《东方时空》节目报道了无锡市这个《通知》，并披露了各方反应。我才知道，原来这个“任何教职员工不得将学生特别是异性学生留在教室、宿舍或其他僻静场所进行单独谈话、辅导或帮助料理其他事务”规定，绝非“愚人节”的搞笑，而是出自无锡市教育局庄严的文件。

我注意到中央电视台节目中，无锡市教育行政部门有关领导的解释，大意是说这样做是一种双向保护，既保护学生，也保护教师，云云。我一点都不怀疑无锡市教育局良好的初衷，更不怀疑他们对“保护学生保护教师”的真诚善意，我甚至能够理解他们的某种迫不得已的“无奈”——的确，教师非礼异性学生甚至对学生性侵犯的恶劣事件近几年时不时会出现在媒体上，无锡市教育局希望防患于未然，似乎是无可厚非的。刚才我到网上查了查相关信息，看到这样的一段话——“尽管男教师奸污、猥亵女学生，教师因患有精神疾病而伤害学生的事件在无锡还没有出现，但在国内不少地区都有发生。”无锡市教育局宣传群工处王书记告诉上海东方早报记者，该规定是出于爱护学生，将潜在的安全隐患消灭在萌芽状态。

尽管我十二万分地理解无锡市教育局出台这个规定的良好愿望，但是却还要反对这个规定，因为这个规定违背了教育规律，并充满了对教师的极不信任和极不尊重！——有教师说这个规定是“对教师的侮辱”，我认为并不过分。

在我看来，教师和学生“在教室、宿舍或其他僻静场所进行单独谈话”，这是教育的常规方法之一，也是教师不可剥夺的教育权利之一。我常说：“教育是心灵的艺术。”这里的“艺术”，既包括班级活动、集体谈话，也包括个别谈心。而从某种意义上说，个别谈心更能够让教师走进学生的心灵。不是说“一把钥匙开一把锁”吗？我甚至不能设想，离开了个别谈心，我们的教育能够真正深入到每一个学生的心灵。即使同样的思想问题或学习困难，对不同的学生也应该采用不同的方法，因为每个学生的心灵都是一个独立而独特的精神世界，面对一个个这样的精神世界，仅仅通过集体谈话或班会课，是很难取得教育效果的。除非我们把教育仅仅看成是标准化的知识传授而不是个性化的心灵感染，如果那样，学校与工厂无异，那自然不需要教职工“在教室、宿舍或其他僻静场所进行单独谈话”了。在《和青年校长的谈话》中，苏霍姆林斯基有几句话说得非常精辟：“某一教育真理，用在这种情况下是正确的，而用在另一种情况下就可能不起作用，用在第三种情况下甚至会是荒谬的。”所谓“一把钥匙开一把锁”，正是这个意思。可现在，这个规定却希望教师用一把“钥匙”开所有的“锁”！

可能这个规定的制定者会说：“我们并没有反对教师单独和学生谈心呀，只是规定不能‘在教室、宿舍或其他僻静场所进行单独谈话’而已，怎么就说剥夺了教师和学生谈心的权利呢？”我不知道有多少教师会把学生请到自己宿舍谈心，不过据我所知，教师与学生在教室谈心倒是比较常见的（我就经常这样）。然而第一，教室是“僻静场所”吗？第二，既然是个别谈心，当然就需要在“僻静场所”谈，之所以需要和学生单独谈心，正是因为谈心可能会涉及学生不愿公开的内容，学生的尊严和隐私也需要尊重。不在“僻静场所”谈，难道只能在操场、食堂等喧闹的场所谈吗?

这里还涉及一个深层次的问题：师生关系究竟是一种怎样的关系?如果仅仅是传授知识和接受知识的关系，那么个别谈心显然是“多此一举”！因为在那种关系中，师生关系即人和“机器”的关系——学生只是接受知识的机器、考试的机器，而不是活生生的人，自然不需要“谈心”了——工人会和机器“谈心”吗？然而，我认为，师生关系绝不是人与物的关系，而是人与人的关系。在新课程改革的热潮中，“对话”理论越来越受到重视。这里所说的“对话”，不仅仅是指教师和学生通过语言进行的讨论或争鸣，而主要是指师生之间平等的心灵沟通。这种“对话”，要求师生的心灵彼此敞开，并随时接纳对方的心灵。因此这种双方的“对话”同时也是一种双方的“倾听”，是双方共同在场、互相吸引、互相包容、共同参与以至共同分享的关系。“师生之间的这种相互作用或对话的交互性，说明二者的关系是一种互主体性关系，这不仅是指二者只是两个主体在对话中的互相作用，而且指二者形成了互主体性关系即主体间性，这样相对于对方，谁也不是主体，谁也不是对象，谁也不能控制谁操纵谁，或者强行把意志意见强加于另一方。”（金生鈜：《理解与教育——走向哲学解释学的教育哲学导论》）如果说，在过去“以教师为中心”的师生关系中，教师和学生相对于对方都是一种“他”者，双方的关系是一种“我—他”关系的话，那么，在对话情境中，师生之间是一种“我—你”关系。在这种关系中的课堂教学过程，对师生双方来说，都是一种“共享”。师生之间人格的相遇、精神的交往、心灵的理解，便创造了也分享了真正的教育。这种教育，同时也是师生双方的生活，是他们成长的历程乃至生命的流程。

毫不夸张地说，离开了教师和一个个学生单独的谈心，教育便不再是一项富有魅力的“人”的事业，而只是一种熟练而机械的驯兽；学校也不再是师生生命的和谐互动的精神家园，而成了养鸡场！

在刚才的电视节目中，一位赞成这个规定的副校长说：“为了加强师德师风，这样规定是有必要的。”我认为这个说法混淆了道德和法律的界限。我也主张要加强师德师风建设，但性骚扰或性侵犯显然首先是一个法律问题，而不仅仅是一个道德问题。换句话说，当一个人对别人进行性骚扰的时候，他已经触犯了相关的法律，应该承受的远不是什么道德谴责，而是法律追究。虽然目前在我们国家，对性骚扰者的法律追究在操作细节上还不完善，但去年（2005年）十届全国人大常委会第十七次会议上新修订并得以顺利通过的《妇女权益保障法》明确规定：“对妇女实施性骚扰或者家庭暴力，构成违反治安管理行为的，受害人可以提请公安机关对违法行为人依法给予行政处罚，也可以依法向人民法院提起民事诉讼。”在这里，受性骚扰的女性当然包括学生。这样看来，如果把学生受个别教师性骚扰的事件仅仅看成是“师德”问题显然是不妥当的。

要防止学生受到性骚扰和性侵犯，最好的办法是，把法律的武器交给学生，让所有学生都明白相关的法律规定，并明确当自己遭遇到性骚扰后应该怎么办。很遗憾，这样的教育在今天的中国基本上还是空白。我们不是很注重对学生进行“法制教育”吗？这样的教育，也应该是法制教育的重要内容。如果学生真的遭遇了教师的性骚扰却不知道用法律来保护自己，这也叫做“法制意识太差”！

国家已经有了对包括女生在内的所有女性进行保护的相关法律，地方教育行政部门却还要单独出台一个仅仅针对教师的所谓严禁“异性师生单独相处”的规定，难怪广大教师会感到自己的人格受到了侮辱。

还听到有人对此规定表示理解：“完全不必如此过敏，教育部门还规定‘不准体罚和变相体罚学生’、‘不准搞有偿家教’、‘不准接受家长吃请’、‘不准接受学生或家长的馈赠’、‘不准以教谋私’，这么多的规定，大家也没觉得自己就是其中违反规定的一员，也没这么紧张与慌乱。”是的，面对上述规定，我也不会“觉得自己就是其中违反规定的一员，也没这么紧张与慌乱”，为什么呢？因为，“不准体罚和变相体罚学生”、“不准搞有偿家教”、“不准接受家长吃请”、“不准接受学生或家长的馈赠”、“不准以教谋私”并不影响我做学生的思想工作，并不妨碍我把教育尽可能做得更好。但是，如果不准我“单独和异性学生在僻静场所接触”，有时（注意，我说的是“有时”）我会无法从事有效的有针对性的教育。再说直白一些，不体罚学生，不搞有偿家教（其实这个话题也值得议一议），不吃家长的饭，不接受家长的馈赠，不以教谋私，都不妨碍我教育，因为那些事都与纯净的教育无关，但“单独和异性学生接触”却与我有效、个性化的教育直接相关。不准我这样做，是对我教育权利的限制甚至侵犯。

因此，这个规定不仅仅是荒唐的，而且它所造成的社会影响将会很恶劣。无锡市教育局的同志一再强调，这个规定不仅仅是为了保护学生，也是为了保护老师。我理解这可能是担心学生骚扰教师或教师骚扰学生，但我不知道这种情况是不是真的到了需要教育局发文规范师生接触的严重程度了，如果的确已经很严重，请拿出真实具体可靠的调查数据！更何况，前面我所引用的那位教育局的同志已经明确说：“男教师奸污、猥亵女学生，教师因患有精神疾病而伤害学生的事件在无锡还没有出现……”可见，这个规定纯属是基于理论上的担心和通过想象的假设而制定出来的。这样的规定会给社会以误导，以为教师都有性骚扰和性侵犯的嫌疑——不然为什么会制定这么个规定呢？发生性骚扰事件最多的显然不是学校，但我至今没有听说过哪个机关单位、企业公司有类似的规定。近年来，我特别反感媒体炒作某某教师强奸学生，不是说学校没有发生过这样的事，但是，同样性质的案件在其他行业也有呀！但媒体炒作相对少一些，所以，极个别教师败类做出了这样无耻的事，媒体便大加炒作，给社会的印象好像教师个个都是流氓！居然还有人造出一个词，叫“禽兽教师”！是谁犯了罪就追究谁，造这么一个词，给人的印象好像有这么一类（而不是一两个）教师，都是“禽兽”！强奸犯在其他行业也有，怎么没有人说“禽兽工人”、“禽兽经理”、“禽兽营业员”、“禽兽工程师”，个别身居高位的腐败分子生活糜烂，怎么报上没有发明“禽兽市长”、“禽兽书记”的词儿呢？现在教育界居然自己做出这样荒唐的规定，恕我直言，这简直等于是教育行业在自己侮辱自己！

写到这里，联想到我二十多年的教育经历，无数次和学生（当然包括女生）单独谈话，还无数次给学生单独辅导学业，甚至还多次请学生到我家里补课。在我的《爱心与教育》中，我还专门记录了我每天给一个学生煮鸡蛋的事（这可能算是“其他事务”吧）——当时，怕别人知道，我便单独让这个学生到我家里来吃这个鸡蛋。过去我为这样做而自豪，现在想来，这些做法都是“违规”的！我真不知道今后我如何做教师！而且，如果每个地方都如此“规定”，今后谁敢做教师？

我实在想不通。

我看“超级教师”评选

《成都商报》策划了一个活动：让学生们评选“超级教师”。但媒体为此热闹了一阵子，便销声匿迹。所谓“评选‘超级教师’”也就不了了之。

我为此遗憾。也不解：这么一个活动怎么就搞不下去呢？为什么“有关部门”就容不下一个民间的评选呢？

事情虽然已经过去，但我的思考并没有结束，想说的话我还得说出来。

过去评价教师，更多的是看学校领导和教育行政部门的领导或者有关教育专家，我认为这无可厚非，毕竟领导和专家在教育评价包括教师评价方面具有相当的权威性。但我们还应该有其他渠道的评价，比如学生的评价。当然，我们不是绝对排除来自学生的评价，比如在一些学校就让学生给老师打分。但这些学生的评价，只是一种参考。而现在，“超级教师”的评选把投票权完全交给了学生，只看学生通过手机发出的评选意愿，于是，我们不少人便不安了：“这样评选的老师，真的是优秀老师吗？”

要明确的是，“超级教师”和传统意义上的“优秀教师”不能完全画等号——之所以说“不完全”，就意味着二者也不是截然对立的。换句话说，超级教师可能同时也是传统意义上的优秀教师，也可能不是，但“超级教师”绝对不是坏老师，相反，“超级教师”绝对是学生喜欢的老师！

有人会感到糊涂：不一定是优秀教师，却又受学生喜欢？

是的。就评价标准而言，领导和专家的评价和学生的评价不完全一样。就像中国电影奖有“金鸡奖”和“百花奖”一样，前者是专家肯定，后者是百姓认可。二者可以同时兼得，但也不一定。

有人会问：“领导喜欢的教师，学生难道不喜欢吗？”

我想到了我十多年前看过的葛优主演的一部电影《上一当》。葛优在这部电影中塑造了一位颇具个性的中学语文教师兼班主任的形象——这位教师上课居然坐着上；称呼学生不是“同学们”，而是“孩儿们”；除作文以外，他几乎从不布置语文课外作业；对作文也不精批细改，而是指导学生评判并给分；他教育学生“做人第一”，要求他们考试不得像其他班学生那样作弊，虽然他班的考试分数因此名列年级最后；更令人瞠目结舌的是，他竟然利用班会课给十六七岁的学生大谈“青春期心理”乃至“性知识”……这样的老师当然大受学生欢迎，但最后却被学校领导“请走”了。我是在一个晚上的非黄金时间里偶然看到这部片子的后半部分的，看完之后，我感慨万千且难受之极。我不知道编导们的创作意图是什么，反正该片给我的感受是：领导欣赏的教师，不一定受学生喜欢；而学生喜欢的老师，也不一定受领导欣赏。

按传统标准衡量，葛优所饰演的那位教师决非“好教师”，但我由衷地羡慕他——羡慕他教育的潇洒与自由，他不但真正赢得了学生的爱戴，而且拥有并保持了自己的教育个性。

十多年后的今天，我不禁想，如果生活中的葛优果真是教师而不是演员，我想他多半会被评为“超级教师”的——因为他的个性！

“教育即服务”的观念已经越来越深入人心，不管这里的“服务”的含义至今有着怎样的激烈争论，但教育应该“以人为本”恐怕不会有什么争论的。而对职业教育者来说，这里的“人”不是抽象的，而是每天面对的一个个具体的学生。作为提供教育服务的教师，听听来自服务对象——学生的评价，不是再自然不过的事了吗？

“用这种方式能够评出真正的好老师吗？”这是许多人的质问。问题在于，“超级教师”评选活动本来就没有想过要评出所谓“真正的好老师”，而只是想让学生评出他们喜欢的老师。主办者也没有想过通过这种方式“全面”地评价教师，更没有想过为全国教师“推典型”、“立榜样”、“树楷模”！而只是想从“学生喜欢”这一个小小的角度或者侧面打量一下教师。学生的评价当然是片面的，他们不会关心老师是否搞了新课改的什么“国家级课题”，也不知道老师是否进行了什么理论研究，或者发表了多少篇论文，获得了多少专业考核证书，他们只知道每天在课堂上老师上的课是不是生动有趣富有吸引力，只知道老师在课余是不是常常和他们一起玩或开开玩笑，对于学生来说，这些就够了。有人把“超级教师”评选理解成教师文体才艺大赛，这不能怪主办者，只能怪指责者想当然。按我的理解，所谓“超级教师”，含义其实很朴素，就是“学生喜欢的老师”！如果教师能歌善舞当然好，但学生喜欢的老师绝不只能唱歌跳舞，课上不好而又不爱学生的老师，歌舞再好学生也不喜欢！“学生喜欢”当然不是评价教师的唯一标准，但应该是重要标准。评选“超级教师”的活动突出学生喜欢这一点，无可厚非。

从青年教师成长的角度看，“超级教师”的评选有着重要的意义。由于教育经验相对不够丰富，由于教学技巧相对不够成熟，当然，也由于年轻人特有的“个性”、“锐气”、“锋芒”多半不够收敛，“特级教师”、“教育专家”、“全国劳模”等荣誉往往不会落在工作只有三五年的小青年头上，他们入围“名师工程”的可能性也不大，因此，哪怕他们的工作已经小有成效，而且也深受学生爱戴，却难以获得一种来自事业的成就感。不少年轻教师正是因此而产生职业倦怠，即使没有逃离教育岗位，也渐渐失去了活力，而越来越圆润而“成熟”了，人际关系——包括和领导的关系越来越如鱼得水，可一颗心和学生却越来越远。本来充满活力，富于潜力的未来的优秀乃至杰出教育者，就这样泯然众人矣！——钢铁就是这样没有炼成的！现在，“超级教师”的评选，让相当多的年轻教师感到了自己的存在——首先是在学生心目中的存在，哪怕最终没有能够登上领奖台，可学生的提名已经足以让他们感到来自职业的自豪。

这种可能性完全存在——

也许一个很有个性因此也颇具争议的年轻教师，正在教改的荆棘丛中艰难前行，他的探索明明受到学生的好评，却被来自恪守保守观念的人指责为“标新立异”、“出风头”等等，他苦闷、彷徨，正在他犹豫徘徊之际，他被学生提名为“超级教师”，来自学生的拥戴和肯定将给他以莫大的鼓舞和激励啊！他心中因此而再次燃烧起理想主义的熊熊火炬，进而继续他的教育改革，奋进开拓。若干年后，谁能断言，这样的老师就不能成长为教育专家甚至教育家？即使没有成为教育家，千千万万这样的老师难道不是中国教育的栋梁？

当然，我不是说评选“超级教师”就没有缺陷，相反，这项活动的缺陷是明显的。第一，评选范围有限，多集中于大中城市的学校，而且投票者还得有手机。那么，那些边远贫困地区的乡村教师们，尽管他们深受孩子们爱戴，但可能很难入围“超级教师”。第二，“超级教师”这个名称似乎可以商榷，“超级”意味着十全十美，上哪去找这样的老师、这样的人？本来就没有想过评出无懈可击的老师，却冠名“超级”，这和这项活动主办者的初衷是相违背的，也是这项活动引起一些误解和指责的原因。第三，在形式上简单地模仿“超级女声”也不太妥当，让学生评选自己喜欢的老师完全可以用更合理也更有趣而且符合孩子们心理的方式，教育没必要模仿电视台的娱乐节目，它应该有属于自己的自信！

尽管如此，我仍然要为“超级教师”评选活动叫好！毕竟，能够通过一种方式，让孩子们自己选出自己喜欢的老师，再“不全面”，也比貌似“全面”的某些教师评价要强一万倍！因为这是“以人为本”在教育上的一个小小而具体的落实。这是教育民主的一个细节，哪怕它是多么地不成熟。

我一点没有把领导评“优”和学生选“超”对立起来的意思，我只是想说：在领导评“优”的同时，能不能尊重一下学生选“超”的权利？

捍卫人的尊严

近来，网上的“辱师视频”激起了人们的愤怒。

同样是网上视频，过去是虐猫，现在是辱人。人类自己侮辱自己的尊严，这是怎样的悲哀？尽管这是极个别人（或者如有网友所说的是“人渣”），但我的确感到了人的悲哀。

当第一次看到那触目惊心的场面，我就怒不可遏。因此，看到部分网友赶到海淀艺术职业中专学校声讨“耳钉男”的时候，我心中着实痛快。看到网上绝大多数网友谴责这种行为时，我甚至有了些许欣慰：毕竟这种可耻的行径为大多数年轻人所不齿。

是的，人的尊严，无论如何不应该被玷污！

注意，我这里说的是“人”的尊严，而不仅仅是教师的尊严。

之所以强调这一点，是因为在我看到的网上评论中，大多数人都着眼于“辱师”，于是有人呼吁“重塑师道尊严”，有人反思我们现在是不是“把学生的地位抬得太高了”，有人掷地有声地质问：“堂堂教师如此被辱，我们的民族还有什么前途可言？”如此等等，不一而足。

作为教师中的一员，我对社会如此看重教师的尊严特别感动。我曾在谈到教师幸福构成的时候说过，“赢得尊严”是教师的幸福之一。过一种有尊严的生活，应该是教师最起码的精神追求。

但是，我想说的是，人与人之间尊严是等值的。教师的尊严，说到底还是“人”的尊严。如果我们特别强调“教师”的尊严，那么潜意识里面便把人的尊严划分为三六九等，认为同样是人，但尊严还是有高低之分的。

这样的新闻我们已经不感到新鲜了：中国公民在国外被劫持甚至遇害，或飞机失事，党和国家领导人表示出极大的关注，指示中国大使馆“尽全力”营救或处理好善后事宜——这样的新闻往往在各主流大报的头版头条；但在同一时间，在国内那么多的中国公民在矿难中、车祸中或各种刑事犯罪中死去，媒体往往保持沉默，或最多在报尾发一块不起眼的“豆腐干”。同样是人，因为死的地点不同，尊严也显出了差别。

几年前，有一女大学生被人奸杀在宾馆，于是媒体炒得沸沸扬扬；与此同时，在同一座城市，一个打工妹同样被人奸杀在出租屋里，却很少有人问津。当时就有人问道：“同样是花季少女，同样的不幸遭遇，受到的关注怎么如此不同？”

我们设想一下，如果这段视频内容是一群年轻人侮辱一个清洁工人甚至一个乞丐，还会引起这么强烈的反应吗？

当年在收容所被殴打致死的孙志刚之所以成为轰动一时的新闻人物，以至直接促成了收容所制度的终结，正是因为他是大学生。如果被打死的只是一个乞丐呢？结果又会如何？

生命是等值的，同样，尊严也是等值的。无论是国家主席，还是普通公民，或是一名善良而柔弱的农民工。

我当然知道，所谓“生命和尊严的等值”，在现实生活中并非如此。

但面对大家似乎已经习以为常的种种不平等现象，我们是认为“理当如此”呢，还是永远心存对平等与尊重的理想社会的不懈追求?

就像前几年马加爵事件后人们纷纷抨击或“反思”教育一样，这次人们果然又纷纷评论我们的“素质教育”了。我却不以为然。我不是说这件事与教育没有联系，而是说没有直接的联系。我始终认为，当整个社会都丧失了起码的道德底线的时候，学校教育的作用其实是有限的。如果说教育有责任，那应该是社会和国家的“大教育”，而不是学校的小教育。把什么都简单地推给教育，貌似有理，其实谬然。不是说学校教育就一点问题没有，但板子首先不应该打到教师身上。好像学生侮辱了老师，活该老师自作自受！这是什么逻辑?

（写到这里，刚好听到中央人民广播电台《新闻观潮》栏目正在请专家讨论这件事。我正听到专家在分析“辱师事件”中“教师的责任”，他居然还杜撰了一句苏霍姆林斯基的话来作为论据：“记得苏霍姆林斯基说过一句话，‘没有不合格的学生，只有不合格的老师’……”我气得真想把这专家从收音机里拖出来质问他：“请问，苏霍姆林斯基什么时候说过这句话？”）

还有老师这样反思——最近几年来，我们是不是对学生太尊重了？我们把学生的地位是不是抬得太高了？“爱心”是不是太苍白？“民主”是不是太天真？如果因为这次辱师事件而质疑爱心与民主的教育理念，我觉得十分不妥。在民主的教育理念中，尊重是双向的，而不是单向的。师生的尊严是平等的。只是片面强调学生对老师的尊重或老师对学生的尊重，都是荒谬的，与真正的民主与平等没有关系！当年鲁迅曾这样评论，中国人对于异域的人，要么是主子，要么是奴才，从来没有把他们当做平等的人（大意，不是原文）。现在我们一些老师对待学生，是不是也“要么是主子，要么是奴才”呢？

看到电视里某大学教授对此发表评论说：“老师应该成为学生的朋友，做学生的良师益友。师生间相互尊重了，老师也能树立威信，侮辱老师的事件也就不存在了。”对这样“深刻的”见解，作为有25年中学教育经历的教师，我只能对教授说：“您把学生、把教育看得忒简单了吧？”

任何人的尊严都不容玷污。如果哪一天，无论谁的尊严受到侮辱都能激起全社会的正义谴责，那么，我们的社会才算是真正进步了。

民主教育的真义是尊重每一个人

雷梦佳死了。因为犯了错误，班主任便让全班投票，以“少数服从多数”的“民主方式”裁决——是留下来给她一次改正错误的机会，还是让家长将其带回家教育一周？结果以26票对12票，压倒多数的学生决定雷梦佳回家。但雷梦佳没有等到家长来接她，便自己出了校园投渠自尽了。三天后便是她十五岁生日。

她死得很荒唐，仅仅因为让她回家的表决结果而结束生命，不能不说她的心理承受能力过于脆弱，尽管平时她看起来性格很外向。但她的死因更令人感到悲哀——按网上有人的评论，她是“被民主死的”。民主，本来是一个和人性、人道相联系的崇高价值，和相对公正的管理方式，可在洛阳孟津西霞院初级中学，它却成了“逼死”雷梦佳的罪魁。

但是，民主果真应该为雷梦佳之死负责吗？我可以斩钉截铁地说，雷梦佳绝不是死于民主，而是死于“伪民主”。经历过“文革”的人都记得那时经常引用列宁这样一句话：“马克思主义在理论上的胜利，逼得它的敌人装扮成马克思主义者。”仿造这句话，我可以说：“民主在全世界的胜利，逼得它的敌人装扮成民主的拥护者。”连世界上最专制的某个国家都叫“××民主主义共和国”，这个世界还有哪个国家不是民主国家？好，别扯远了，还是说雷梦佳事件。在这件事上，雷梦佳的班主任采用的是“民主”的方式，通过投票决定对一个学生的处理，美其名曰“学生自主管理”，但我一直怀疑班主任是假借学生的选票而达到自己的目的——让雷梦佳回家。“民主”就是这样成了专制的傀儡或帮凶。

法律规定年满十八岁的公民才具备选举权和被选举权，因为只有成年人才真正具备理性的判断力。当然，这并不是说孩子就不应该参加生活中的选举投票——在学校，孩子选举或被选为班干部，这是一种民主生活的训练。但这些投票一般不会决定一个人的生死。让一群孩子投票决定另一个孩子的命运，在投票过程中，这些未成年人是否具备理性判断的能力？对此，作为成年人的老师应该能够理性判断。即使让学生进行不涉及具体当事人的命运投票，也应该慎重，毕竟孩子们是幼稚的。设想一下，如果这个班主任让学生投票决定是否上课，是否作业，是否考试，结果会怎样？孩子们多半会投反对票，那么这个班主任就“尊重民意”而放弃任何教学了吗？在并不具备成熟理性判断力的儿童中进行所谓的“投票”，如果没有教师的正确引导，结果往往是很荒唐的。本来，教师有权依法按规定对违纪学生进行处理，或批评教育，或按校规予以处分，这是班主任和违纪学生之间的事，但班主任却用投票方式将自己的教育责任，不恰当地转移给了未成年学生。这哪里是什么“民主”？

即使是在成人中，也不是所有通过投票方式产生的结果都是公正的。投票，无疑是表达民意的最直接的方式，但民主决策并不只是简单的投票。“少数服从多数”是民主的原则；但这个原则无限泛滥，有时候会损害甚至伤害少数人的利益和尊严，这就是人们通常所说的“多数人的暴政”。因为利益关系或感情因素，“尊重多数”有时候会同时损害少数——无论是2009年11月发生的农民工返乡途中患感冒乘客表决将其撵下车，还是2010年4月7日花季少女雷梦佳被投票逼死，一向被我们标榜为社会进步与时代发展的标志的“民主”成了多数人侵犯少数人利益乃至剥夺另一生命的“暴力工具”，这是对民主的亵渎。而一个真正的民主社会，恰恰体现在对每一个人的尊重上。

封建王朝已经被推翻100年了，中国发生了翻天覆地的变化，但是在某些人的头脑中，封建思想、专制意识、皇权观念依然根深蒂固，我们用什么去迎接明年的辛亥革命100周年？对于教育者来说，最好的纪念就是切切实实的民主教育。尽管雷梦佳是被“民主”的名义逼死的，但我们绝不能因此放弃对民主价值的追求，不能放弃对民主教育的实践。相反，在许多中国人还不是真正意义上的公民的今天，我们有责任担负起民主启蒙的使命。

要让我们的孩子明白——

民主，首先是一种政治制度，通俗地说，是一种管理国家的方式。作为一种政治制度（或者说政府形式），民主的核心程序是通过人民的选举（直接选举或间接选举）产生领导人；同时，人民能够通过一定的法律程序参与国家的决策。而这正是民主制度与专制制度的根本对立之处。

但是，民主不仅仅是一种政治制度，也是一种生活方式。当然，后者是前者意义上的扩展与引申。这是对民主更为深刻的理解。将民主看做一种个人的生活方式，即认为民主不只是一种形式或者说外在的东西，而是一种内在的修养。

这种内在的修养体现于日常生活和与人交往的过程中，相信人性的潜能；相信每个人不分种族、肤色、性别、家庭背景、经济水平，其天性中都蕴含着发展的无限可能性；相信日常生活与工作中，人与人之间是能够和睦相处能够真诚合作的。民主的生活方式，意味着自由、平等、尊重、多元、宽容、妥协、协商、和平等观念浸透于社会的每一个角落，体现于生活的每一个细节。

需要指出的是，作为一种生活方式的民主和作为政治制度的民主不是割裂的，更不是对立的，而是互为因果、相辅相成的。民主的政治制度需要社会土壤，这“土壤”便是民主的生活方式；同样，民主的生活方式需要制度保障，这个保障制度便是民主的政治制度。

民主的政治制度与民主的生活方式之间的关系，实质上是政治体制与国民素质的关系，所谓“有几流的人民就有几流的政府”。没有民主的道德基础，所谓民主制度不过是空中楼阁而已。

……

以上这些民主常识，都应该让学生了解，但绝不应该是抽象地灌输给他们，而是通过日常班级生活的点点滴滴，引导孩子们在实践中去体验。

如果要我通俗地表述我对民主教育的理解，我会说，民主教育的核心是对每一个人的尊重！

爱因斯坦说：“我的政治理想是民主。让每一个人都作为个人而受到尊敬。”阿克顿说，民主的实质，就是“像尊重自己的权利一样尊重他人的权利”。如果说民主政治，是对每一个人政治权利的尊重，那么民主教育，则是对每一个学生各种权利和精神世界的尊重——尊重学生的人格、尊重学生的情感、尊重学生的思想、尊重学生的个性、尊重学生的差异、尊重学生的人权、尊重学生的创造力……当然，与此同时，教会学生尊重他人。

这里的“教会”，依然是一种师生共同的生活体验。我曾读到一个令我感动的故事，说的是一个小学教师引导该班的孩子们进行的一次投票——

在学校一年一度的广播操比赛中，张彦老师所带的班级总能得第一名。但今年是一年级，经过艰苦的训练后，有两名学生始终不能与全班协调。张老师知道，其中一人是先天性尾骨脱节，另一人性格极其内向，动作协调性很差。前者忙得满头是汗也无济于事，后者一紧张动作便颠三倒四。根据规则，每班可有5%的学生因特殊原因不参加比赛，换句话说，他俩可以不参加比赛。眼看比赛只有两天了，一次训练结束，张老师找他俩谈话。话题从“热爱集体、为集体作贡献、珍惜荣誉”开始，但张老师预设的内容还未展开，一个孩子便怯生生地说：“老师，请让我参加好吗？我一定会加油练的。”另一个孩子也小声附和道：“老师，求求你了！”张老师顿时哽住了，稚嫩的童声在提醒着老师，真挚的童心不能因为任何理由而受到伤害。在随后的一次班队活动中，张老师组织全班同学讨论他们参加与否的问题，经过引导，全班同学投票同意了那两个同学的请求。比赛那天，全班同学一个不少地走上了赛场。比赛结果该班没有拿到第一名，但没有一名同学责怪那两个同学丢了班级的“面子”。活动总结时，张老师对孩子们说：“我们全班同学都尽了努力，大家都能团结友好，这比第一名的成绩更重要。”

我非常钦佩张彦老师对班上每一个学生的爱心；更可贵的是，她用自己的这颗爱心唤醒了全班学生的爱心，那两名学生所感受到的，就不仅仅是来自老师的尊重，更有来自全班同学的尊重，来自集体的尊重。通过这件事，全班学生都受了一次生动的平等意识的教育。但是，如果我们继续往深处思考，这件事中这两名学生所受到的尊重，不应该仅仅是来自教师主观的“爱心”，而首先应该是他们所享受的权利使然——任何一个学生都有权利享受集体生活和集体荣誉，而且这权利是神圣不可侵犯的。

要让我们的学生意识到：同在蓝天下，都是大写的人！人与人之间的智力、才能、学习成绩、性格特点、家庭经济情况等等存在着客观差别，每一个人都有着弱点和缺点，但每个人的尊严和权利都是不容侵犯的，不管用什么名义或用什么方式，都不能损害任何一个人的尊严，都不能剥夺任何一个人的权利！民主是一种生活方式，今天的教师如何对待学生，明天的学生就会如何去对待他人。

未成年的孩子不是不能投票，关键是教师如何引导以及是否能够赋予投票形式以真正的民主内涵。而这又取决于教师民主素养的高低。雷梦佳因投票而被排斥在集体之外最终走上了绝路，两个身体有先天缺陷的孩子却因投票而昂着头走上了赛场——这两次投票，谁更符合民主的真义？不言而喻。

我希望人人有“官”当

读了11月30日《中国青年报》对成都20中创新实验班“官”多的报道，我毫不掩饰我的兴奋。我要为该校领导、实验班的老师以及该班的同学们叫好！

据说有人对此现象感到忧虑，怕助长了学生“官本位”的思想。恕我直言，这种忧虑源于忧虑者本人对“官”的传统认识。是的，长期以来，在相当一部分中国人心目中，“官”就是“管”，“当官”就是“管人”——哪怕是一个小组长或课代表都成了权力的标志、身份的象征，而不少孩子的纯洁的童心正是在所谓“追求进步”的过程中被逐渐玷污了。于是，人们一看到现在一个班居然绝大多数学生都有官可当，自然忧心忡忡。

但是，我们看成都20中创新实验班的“官”都是怎样的“官”——无论是班级“财务公司”的“经理”，还是班级报刊的“社长”，他们无非是学生之间互相服务的召集人或组织者而已。当然，“经理”、“社长”之类的具体称呼是否妥当这另当别论，但这样的“官”所代表的更多的是一种责任、一种义务、一种权利（注意：不是权力），其核心内涵是“服务”。

孩子们在“当官”（我也暂且借用这种很不准确的说法）的过程中体验的不是管人的乐趣、征服的快感和权力的满足，而是自主的欢乐、服务的幸福和创造的喜悦。

这些“官”与传统的班干部有一个十分重要的界限：他们不是老师的助手或傀儡，而是有着独立意识的服务者和创造者（虽然在服务与创造的过程中，正在成长的孩子们离不开教育者的指导，但他们绝不是教育者脑和手的延伸）。

苏霍姆林斯基说：“真正的教育是自我教育。”学生的自我管理与自我服务，正蕴含着“自我教育”；同时，在一个集体中，绝大多数孩子都能拥有服务的权利与机会，这本身也体现了现代民主教育的精神。提高中国官员的素质，我看也应该从娃娃抓起。实验班的学生长大以后当然不一定都会当“官”，但从小当过公仆的学生长大后当了“官”更容易成为真正的“人民公仆”。

所以，我为成都20中创新实验班叫好，而且，我希望在中国的每一个中小学班集体中，人人有“官”当！

别让孩子的心灵蒙上阴影

读了《中国青年报》上刘工昌老师《当老师还有什么意思》一文，我非常理解刘老师的心情和情绪。但我绝对不同意他的基本观点。我认为，刘老师所面临的问题，是社会危机在教育上的反映，是社会人与人之间不正常关系在师生关系上的反映。

我这里假设一个例子：一位本来非常爱学生的年轻女教师，有一天晚上她几个月大的婴儿突然发高烧，于是，她半夜起来抱着孩子奔医院，到了医院叫了很久不见医生出来，好不容易医生出来后却对她一阵呵斥："吼什么吼？有什么大不了的？"然后很敷衍地处理了孩子的病情。等这位女教师回到家里，天已经亮了。头晕脑涨的她不得不赶往学校，在上班途中，因为心急而误闯红灯，警察过来自然又是一顿臭骂，然后是罚款。等她赶到学校大门，迎面是校长严厉的批评："看看时间！为什么迟到？对不起，这个月的奖金只好按规定扣除了。"……我们设想一下，当这位心力交瘁的女教师来到班上，看到有几个学生正在打架，她将会怎样？十有八九她会失去理智做出一些平时不可能做出的有违师德的粗暴行为。然而，一旦这样，她将招来整个社会舆论的谴责，甚至有可能因此而下岗。

是啊，这位老师是多么令人同情啊！由此看来，当整个社会人与人之间都处于一种“不顺气”、“想骂人”的关系之中，人们的交往便不自觉地开始了“恶”的循环。教师对学生的粗暴，不过是这“恶循环”链条中的一个环节而已。

但是，当我们面对童心的时候，能不能让这“恶”的循环暂时中断一下？如果我们是从事其他工作的，我们把自己所承受的委屈倾斜在我们的工作对象（服务对象）上，虽然也是不对的，但似乎还是可以被“原谅”，因为这里的“对象”是成人。然而，教师所面对的，是成长中的孩子！他们有着稚嫩而纯真的心灵，他们不应该成为我们的“出气筒”。写到这里，我又想到了几年前看到的一则报道，说国外（好像是法国）的一家幼儿园里突然闯进一伙恐怖主义分子，面对歹徒，极度恐惧的年轻女教师想办法让孩子们把眼前的一切恐怖都理解为一场游戏。女教师的想法很简单：不能让幼小的心灵蒙上恐怖的阴影，尽管她自己正处于极端恐怖之中！这就是真正的人道主义！这个真实的例子与现在刘老师所说的情况当然不完全贴近，但人道主义精神是相通的。

都说教师是富有牺牲精神的，人们往往只看到他们在物质方面的牺牲，或最多再加上体力甚至包括生命的付出，而没有看到，我们的教师在自己蒙受生活种种不公的情况下，忍辱负重地爱着孩子，不把自己所遭受的“恐怖”转嫁给孩子，这才是真正伟大的牺牲精神！可能我的许多同行会说，这样做不是太难吗？不是太苛求我们了吗？我说，对有些人来说，的确很难，但这是教师最起码应该做到的！

把学生放在心上

“让每一面墙壁说话。”这是苏霍姆林斯基的一个著名观点。他的意思是，要让校园的每一个空间都具有潜移默化的育人功能。用现在的话来说，就是“优化学校教育环境”，或者说“营造校园文化氛围”。

可是，我们现在一些学校的墙壁说的都是什么话呢？

“深入学习实践科学发展观”、“以人为本”、“百年大计，教育为本”、“团结，奋进，求实，创新”……这些话都是真理，可放在学校好像不是最合适的——对成人的要求，孩子能够明白吗？墙上说这样的话，对孩子究竟有多大教育意义呢？还有一些话，虽然是针对学生实际的教育，但太直接太抽象——比如，在许多学校的墙上，常常看到类似的标语口号：“全员育人，全面发展”、“以诚待人　以情感人　以理服人　以公信人”、“加强自我修养，树立良好美德”、“做好各项常规工作　全面提升服务质量”……让墙壁说这样的话，我实在怀疑其效果。

这方面我是有过教训的。几年前，我所在的学校也搞校园文化氛围的建设。我分别在“陶行知园”和“苏霍姆林斯基园”竖立了很多铭牌，上面精选了国家领导人及中外名人的教育短语：“潜心教书，精心育人”

（胡锦涛）、“人人享有平等的受教育机会”（温家宝）、“教师的人格就是教育工作者的一切，只有健康的心灵才有健康的行为”（乌申斯基）、“学校的目标始终应当是：青年人在离开学校时，是作为一个和谐的人，而不是作为一个专家”（爱因斯坦）等等。

一位朋友来我校看我，我陪他转校园，他指着那些牌子问：“这些话孩子看吗？”一句朴素而尖锐的诘问让我反思：是呀，这精美铭牌上的话孩子是很少看甚至是不看的，因为这些抽象的真理很难让他们感兴趣。可是，我为什么还要弄这些东西呢？往深处想，其实这些话是写给前来参观的领导看的。这样一想，问题就出来了：不是说“以人为本”吗？为什么在这里“人”（孩子）却消失了呢？我怎么忘记了每天在校园里活蹦乱跳的孩子呢？领导难得来一次，这些“经典名言”也难得被他们光顾，可我为什么没有为每天过往的孩子着想呢？于是，我马上找来有关部门的负责人谈了我的想法，决定把这些牌子上的话全部换了。

过了一段时间，在陶行知园里，铭牌上全是我精选的陶行知为孩子写的儿歌：“我是小牛顿，让人说我笨。我要用我的头脑，向大自然发问”，等等。在苏霍姆林斯基园里，铭牌上全是我从《做人的故事》里摘录的苏霍姆林斯基为孩子写的美丽的童话：“夏天，父亲和小儿子走在小路上。周围一片寂静，只听到远处什么地方响着啄木鸟的敲击声和小溪在林子深处的潺潺声……”从那以后，每当下课，总会看到一些孩子在陶行知儿歌或苏霍姆林斯基童话前驻足默读或朗诵。

“让每一面墙壁说话”是没错的，关键让墙壁说什么话，怎么说。而要让墙壁上的话孩子爱听，只要真正把孩子放在心上就够了。

让教育发言更完美

最近，应邀参加了一个学校的十周年校庆。虽然该校建校只有短短的十周年，但成绩斐然——不仅仅是应试成绩，更有体现学生全面素质的各方面的成绩。在当地理所当然地赢得了老百姓良好的口碑。在我眼里，这是一所真正的名校——“名”不在自吹自擂，而在老百姓的心里。

整个校庆活动搞得隆重热烈。上午是一台高质量的文艺演出，前来助兴的国内著名的歌唱家固然为庆典增添了欢快的气氛，但我更看重的是该校师生自己的演出，也达到了相当的水准。这也从一个侧面展示了该校素质教育的成果之一。下午，是半天的教育学术报告会。这体现了庆典的“教育”含量——如果仅仅是文艺演出，那就和一般的企业庆典没有多大区别了。

也许是我挑剔，在这看起来相当圆满的校庆“鸡蛋”中，我也挑出了几根“骨头”。直说吧，我感到一些细节，还可以做得更好。

在我发言之前，有几位发言者的开头均为：“尊敬的各位领导、老师们、同学们……”当然，这种开头我们已经习惯了，无论什么会议，只要发言，肯定都会把“尊敬的领导”放在前面。但今天我感到不安，因为在这个体育馆的环形座位上，绝大多数都是孩子，而真正的领导只有主席台上面的十来位；而且作为学校，理应把孩子放在比各级“领导”更重要的位置——我们不是常说“一切为了孩子”吗？我们不是常说“以生为本”吗？还有一个细节，就是有的发言者上台之前，先给主席台的领导鞠躬，然后再给孩子们鞠躬；有一个发言者甚至只给领导鞠躬。这让我感到非常遗憾！

该我上台发言了，我来到台上，首先向四周的孩子们分别鞠了一躬，最后向主席台的领导鞠躬，然后我开始发言：“可爱的孩子们，亲爱的老师们，尊敬的各位领导……”我不认为这是一种语言的形式，我认为会议发言的称呼也体现了某种观念。纵观现在的会议，只要发言，开头必定是“尊敬的各位领导”，这是“官本位”思想无孔不入的一个表现，我们甚至都已经习惯了。想起今年上半年，我作为劳动模范参加表彰会，也被安排发言。所有在我前面发言的人照例都是以“尊敬的各位领导”开头，而我发言的开头是：“尊敬的各位劳动者……”我连领导都没提。在我看来，在劳动者的节日表彰劳动者，当然应该把劳动者放在第一位。我这样称呼也不是“不尊重领导”，因为在我的心中，在场的省市领导也是劳动者，因此我的称呼自然也就包括了他们，他们当然也被我“尊敬”了。

在庆典上，无论是明星演出时的祝贺，还是有关同志的发言，在谈到该校的教育成果时，都强调十年来培养了好几位清华、北大的学生。这所学校十年来总共毕业了七千多学生，我想，难道只有这几个清华生北大生是“教育成果”吗？所以，我在发言时这样说：“十年来，学校既培养出了许多考上清华、北大的学生，同时还培养了七千善良、正直、勤奋的普通劳动者，他们也是学校的教育成果，这些孩子同样是母校的骄傲！”没想到，这几句话引起了许多人的共鸣。下来之后，很多老师都对我说：

“你这几句话让我们非常感动！”中午吃饭时，这次校庆演出的艺术总监特意向我敬酒：“你那几句话一说出来，就让我的心里一热，我可以说非常受震撼。我想，在这个浮躁的社会，毕竟还有清醒的人！”

我无意在这里标榜我有多么“与众不同”，或我有多么“深刻”。其实，在我看来，我说的不过是常识，是很多很多教育大家说过的常识。这个常识，就是教育应该尊重每一个孩子。

唉，被人家盛情邀请参加庆典，我却说了这么一大堆“不中听”的话。但我真心是为这个学校好。尽管我挑了这么些“骨头”，也并不影响我对这所学校的满腔敬意，毕竟十年磨一剑，从无到有为老百姓奉献这么一所名校，让当地的孩子都能享受优质教育，这是老百姓看得见摸得着的实惠。只是如果在细节方面能做得更好，那我们的教育就更完美了。那天我也是这样对校长说的。

PART4

第四辑　请拒绝教育的虚假

真正的爱国者，对自己的国家和民族乃至历史文化传统都保持着一种批判精神。他当然爱自己的祖国，但这种爱绝不是表现为无条件地赞美祖国的一切，而是“爱之深，责之苛”，以理性的眼光审视周围的一切。

别把什么都推给“体制”

一位朋友爱和我聊天：社会、政治、经济、文化……无所不谈。而且他有一个特点，什么都爱往“体制”上挂：哪怕是看到临街居民在阳台上晒婴儿尿布，他也会叹息：“哎，这都是体制造成的！”这每每让我在莫名其妙的同时又不得不惊讶于他看问题的“高屋建瓴”。因为都是教育者，所以，我们的话题最多的还是教育。那天，报上说又有一位优生因不堪承受巨大的学习压力而自杀身亡，他便说“都是体制惹的祸”，当时，我与他争了几句，我说学生自杀的原因恐怕是多方面的，而且世界各国都有中学生自杀的事，他满脸不屑：“算了，你看问题欠深度，我不想跟你争。”这天，谈到他读小学的女儿所在班的老师动辄就让家长在孩子作业本上签字的事，他不胜其烦：“学生的作业为什么一定要家长签字呢？现在的小学老师，唉，不说了，都是体制的错！”

我无言以对。

不知从什么时候起，我们一些人喜欢把什么都推给体制。毫无疑问，无论政治、经济，还是文化、教育等等，“体制”的确是非常关键的。在某种意义上，体制对某项事业的发展乃至社会的进步甚至起着决定性作用。改革开放二十多年来所取得的胜利，首先是体制改革的胜利；而我们要继续改革，重点便是深化体制改革。关于体制改革乃至体制创新的重要性，这么多年来，无论是党和国家领导人，还是各行各业的专家学者，发表的文章可谓汗牛充栋，用不着我再在这里多嘴。

但是，“体制”不是万能的，也不是什么都可以往里面装的。从根本上说，比体制更重要的是人的素质。“文革”时代的体制无疑是最黑暗的，但那个“体制”并没有要求行刑者必须割断张志新的喉管；“应试教育”的体制当然是需要革除的，但这个“体制”并没有要求教师在学生脸上刻字！无论是割断喉管，还是在学生脸上刻字，这起决定性作用的因素，显然不是“体制”，而是人性！面对如此丧失人性的暴行，如果我们只是空洞地谴责“体制”，那无异于纵容具体的施暴者。

鲁迅当年在思考中国的前途时，不是首先想到“体制”，而是把改造国民性放在第一位。他经常思考并和朋友讨论三个问题：第一，怎样才是理想的人性？第二，中国国民性中最缺乏的是什么？第三，这些问题的病根何在？他坚决主张民族性必须改造，否则“招牌虽换，货色照旧，口号虽新，骨子不改，革命必无成功一日”。著名经济学家茅于轼在谈到民主政治时曾以印度为例，说明离开了国民素质的提高，单纯构建民主程序是没有实质性意义的：“印度有完整的民主制度的设计，有多党制，有上下议院，也有普选，可是它享受了民主制度的坏处而没有享受到它的好处。有些人认为有了民主政治，有了在野党的监督，贪污就可以避免。可是印度却是一个贪污盛行的国家。印度政府还是一个效率低下的机构，从飞机场里办理出入境手续的时间和态度就可以看到政府行为的一角，从一些大都市的混乱状况也能看到政府的无能。”

还是回到教育上来。不是说我们现在的教育体制已经很完善了，也不是说我们现在面临的许多教育弊端都与现行教育体制无关；我的意思是，还是应该具体问题具体分析。就以前面提到的小学老师要家长在孩子作业本上签字的事，我想这最多属于老师工作方法不当的问题；还有一些教师体罚学生，这更多的是属于教师师德修养的问题。

爱思考“体制”，这本身没有什么错，这会使我们的思考更深刻。万事万物都有联系，什么都的确与体制联系。但有时候，一些具体问题与体制并没有直接联系，如果不管大事小事统统说“是体制造成的”，那么就会“体制是个框，什么都往里装”，最后导致虚无主义，什么都做不成！道理很简单，体制不是普通人能够改变的；那么，“体制不改，我们有啥办法？”我真诚地认为，现在最重要的最迫切的教育改革是教育体制的改革；同时我同样真诚地认为，教育上有的问题也不全是体制使然。在同样的体制下，人的素质至关重要。人的素质与体制的关系是鸡与蛋的关系，很难孤立地说谁先谁后。“好的制度能够使坏人无法作恶”这是真理，因为“总统是靠不住的”；“有几流的人民就有几流的政府”也是真理，因为“人是万物之灵长”。作为一个基层的普通老师而非教育行政部门的决策者，我显然无法直接改革教育体制，但我并不因此而觉得无所作为，因为可以点点滴滴地为改造人的素质——首先是自身的素质——尽点力。

因此，在现有体制下，我总是提醒自己：第一，我能够做哪些事？第二，我能够把这些事做到怎样的完美程度？想清楚了这两点，我就不再犹豫，先做起来再说！

万炮齐轰假教育

种种假教育现象已经从令人触目惊心到让人见惯不惊了。

我当然知道，就造假而言，最严重的弄虚作假并不在学校。当整个社会都弥漫着虚假之风时，要让学校成为世外桃源，恐怕只能是幻想。我想到秦晖先生有句名言："教育有问题，但不仅仅是教育问题。"应该说，比起社会，学校还算是相对比较洁净的。

但我还是为我经历过的种种假教育而恶心！因为作为班主任，我常常不得不昧着良心亲自去造假，甚至指导学生弄虚作假，最后，我和我的学生都成为假教育的助纣为虐者！

对于社会上的假而言，我是旁观者；而对于教育上的假，我却是操作者。看别人造假是气愤的，但当自己也不得不造假时，这种痛苦是难以言说且无以复加的！

还是说我亲历的一件往事吧——

很久以前，我任教的学校要迎接上级的一次大规模检查。这次检查决定学校的地位与荣誉，所以，学校上上下下都极为重视。这种"重视"的具体表现便是认认真真地造假。

检查团还有几天才到学校，但学校已经从提前拿到手中的纷繁复杂的检查项目表中，发现有一项是检查学校各班是否开设了“健康教育课”。本来，在激烈的应试教育背景下，这种课多半是不会开设的——不光我校，其他学校也是如此，但现在检查项目中居然有这门课！如果检查团发现我校没有开这门课，会扣许多分。怎么办？于是，学校决定马上“开设”健康教育课。

政教处火速召开班主任会，要求各班主任回到教室里，立刻把教室墙壁上课表中的“自习”改成“健康教育课”（当然，实际上是重新贴出经过修改的课表）。

可是，这次检查团是非常“认真”的：人家不但看课表，还要随机抽查学生，让学生说说健康教育课的内容。这样一来，简单地改课表是远远不够的！

于是，教导处又召集班主任开会，要求我们在班上找五名成绩最好（当然，记性也是最好）的学生突击背诵健康教育教材上的内容，主任特别强调：“这几天，这些学生各科的作业都不必做，他们唯一的作业就是背健康教育内容。一定要滚瓜烂熟！”

但人家是随机抽查呀！如何能保证抽到的学生恰好是有准备的学生呢？

这好办——指鹿为马！反正检查团也不认识学生，如果抽到没有准备的张三，班主任就叫有准备的李四去。这不就行了？

我们都齐声称妙！我回到班上，按学校要求指定了五位学生，以“热爱学校”、“维护学校荣誉”的神圣理由，要求他们像背唐诗宋词一样背诵“佝偻病的起因”等等。

然而，正当我们陶醉在“下有对策”的喜悦中时，突然又听说人家这次要来“真格的”——不但抽查学生，而且还要看被抽查者的学生证，对着照片验证学生！

这下我傻眼了！然而，有人献计：“到时候利用时间差来个调包计！”

如何“调包”？且看迎接检查那一天我的绝妙表演（当然，每一位班主任都是这样表演的，而导演则是我们英明的领导）——

检查团成员在学校办公室按各班名单划定抽查对象后，班主任们便拿着抽查学生的名单回教室叫人。回到教室，我按名单叫了五位抽查学生，再叫出已经将健康知识倒背如流的五位学生。十位学生来到教室外面的走廊上，开始拿出学生证并按我的吩咐小心翼翼地撕下照片，贴在另一张学生证上！

不知各位看官看明白没有——张三是被抽查者，但他把自己的照片从学生证上撕下来贴到了李四的学生证上；李四不是被抽查者，但他是准备者，于是他的学生证上贴上了张三的照片，然后以张三的名义去接受抽查！

从我拿到名单回到班上，到我领着学生回到学校办公室，前后不过几分钟，但这几分钟，我和学校所有的班主任一样，向检查团表演一个张冠李戴的魔术！

“谈笑间，樯橹灰飞烟灭。”所谓“一丝不苟”、“严肃认真”的检查团就这样被我们轻而易举地糊弄了——就像当年送鸡毛信的海娃糊弄日本鬼子！

然而，检查团真的被我们糊弄了吗？我们焉知检查团不是心知肚明呢？说不定他们早就知道大家都在演戏，只是装作不知以表现他们的“认真”呢！

你骗我，我骗你，大家心照不宣，都自以为得意，同时又维护着冠冕堂皇的“认真”与“诚实”——这才是最令人毛骨悚然的！

记得检查团走后，我回到班上是这样对学生说的：“同学们已经知道，李老师今天造假了，而且还教同学们造假！我很痛苦，但作为学校的一员，我不可能违背学校的统一指令——我一个人违背也是没有用的！但这也不能怪校长，如果我是校长我也会这样做的，因为在所有迎接检查的学校都在造假的情况下，我们学校诚实，只会意味着学校种种切身利益的损失！据我所知，校长是非常痛苦的，但他也没有办法！那么怪谁呢？我坦率地说：我也不知道该怪谁！但是，我现在只能对大家说：同学们！这就是我们面对的现实，我们面对的社会！我想，作为自认为心灵还比较诚实的人，如果我们不得不被逼迫着造假，我也希望在造假时，我们不是心安理得，而是内疚与痛苦，并在生活中尽量少造假。我还希望大家以后当了局长、厅长、部长，千万不要搞这种自欺欺人的所谓检查！千万不要弄虚作假！”

写到这里，我已经感到无语……

我想，有我这种经历和痛苦的老师肯定还有许多许多。希望每一个教育者都行动起来——当然，这里所说的“教育者”首先包括各级教育行政部门的领导和决策者们，让我们以自己力所能及的力量，抵制种种教育上的弄虚作假——

万炮齐轰假教育！

女儿长发祭

我的女儿有一头秀美乌亮的长发。

一出生，她的头发就让人羡慕。当年我们推着坐在童车里的女儿走在大街上，总有过路的人赞叹她的头发，甚至还有怀孕的妇女勇敢地问我妻子："这孩子的头发真好！你怀孩子的时候吃过什么？"我妻子张口结舌不知如何回答，我便调侃着帮她回答："吃过猪鬃！"

十四年来，她一直没有剪过短发，因为她的鹅蛋形脸根本就不适宜于短发。于是，辫子（双辫子或独辫子）就陪她度过了幼儿园和小学。进入初中，学校要求剪发，但因为她学舞蹈，而"剪发规定"对舞者网开一面，所以她的秀发幸免于难。

但是，再过半年，她即将读高中，我日渐恐慌。不是为她的升学考试，而是为她的长发——这次她的秀发绝对在劫难逃。

我不敢想象没有了长发的女儿，还像不像我的女儿；但她的秀发又不得不被剪掉！

于是昨天，我特意让女儿梳了两条长长的辫子，带着她去照相馆照了一张艺术照，年轻的女摄影师也禁不住被她的长发所打动，要我女儿把辫子挂在胸前。照片取来一看，光彩照人。今天，我又让女儿梳了一条独辫子，又去照相馆照了一张“李铁梅”。

看着眼前女儿的长发，想到不久它将被剪，我不禁心如刀绞……

我至今不懂：长发与思想品德有什么关系？或者说，长发与校风有什么关系？

中学生的发型的确不应该太社会化太成人化，应该有中学生的朝气。但女学生的长发有什么不好？如花岁月的少女应该拥有青春的美，而瀑布般的长发自然是青春美的组成部分。如果说是怕女生因长发而影响学习，那么我们与其强行剪掉其长发，不如引导她们怎样让自己的秀发成为真正的美的标志。这同时也是最自然的美育！

我们的教育总是习惯于一切都整齐划一。在很多时候，即使教育思想完全一致，教师和学生的任何一点“与众不同”也会遭到扼杀。于是，班会的主题是统一的，墙报的内容是统一的，教室的布置是统一的，教案的写法是统一的，教学的程序是统一的，学生的评语是统一的，歌咏的曲目是统一的，学生的服装是统一的，课桌的套布是统一的……教育失去了个性，也失去了魅力！

就宏观的培养目标而言，我们的教育指导思想当然应该统一，而且作为教育，我们也应该给学生的人生以正确的导向。但这并不意味着我们要在一切方面以教育的名义剥夺学生的各方面的个性。

少女的长发妨碍教育什么了？——谁能回答我？

我为女儿的长发感到悲哀，我为强令学生剪发的规定而悲哀！

别了，女儿的长发！

我看“保送生制度”

最近从各媒体得知，教育部决定按照“压缩规模、严格标准、严格管理”的精神加大力度改革保送生制度，此举深得人心。其意义不仅仅在于提高保送生的质量，更在于最大限度地避免招收保送生过程中的教育腐败。

应该肯定，绝大多数学校推选保送生的工作是严肃、认真而公正的。但确有学校利用保送生制度弄虚作假以谋私利，早已是公开的秘密。虽然这只是个别学校所为，但它严重影响了教育良好的社会声誉。保送生制度无疑起过非常积极的作用，因为“一锤定音”的高考并非十全十美，所以通过保送的办法弥补其不足而让真正优秀的人才苗子进入高校深造，这本来是一件很好的事。但是，由于种种原因，它现在越来越成为教育腐败的一个重要途径。有的学校为了提高升学率，把一些中等生或考试把握不大的学生送上去。这对其他学生来说是很不公正的，当然，这还算不上是“腐败”，毕竟大家都是为了学校的“集体荣誉”。最令人愤慨的，是某些校长或主管领导在推选保送生的过程中暗箱操作，不择手段地把一些成绩差却有门路、有关系的学生塞进保送生的行列。我曾听说，在某县的一所中学，为了让县长的儿子能够被保送，该校校长从县长儿子刚进高一起就给各科教师打招呼，要求在登记期末考试成绩时“灵活些”，以确保三年后该公子能够被保送进大学！至于去年媒体公开披露的湖南回隆一中保送生舞弊事件（14个保送生中就有13个是假的），更是登峰造极的一例。

教育部这次出台的改革措施无疑是一次重拳出击，但恕我直言，这只能暂时遏止招收保送生过程中的腐败蔓延的势头，而不能根本铲除这种腐败现象。保送生制度从理论上说是十分必要的，但它取得理想效果的前提，则是具体操作者良好的个人素质，而一切仅仅建立在个人素质基础之上的制度都很难保证人为的腐败因素，因而最终都是靠不住的。与保送生制度相关联或相类似的，还有高考招生中的“三好生”和“优干”加分的做法——与高考挂钩，本来十分圣洁的“三好生”、“优干”推选工作也很容易蒙上污点。因此，我希望有一天能够取消保送生制度或“三好生”、“优干”高考加分的做法，还高考招生以公正和公平，让招生腐败无从滋生。也许有人担心，取消保送生制度会让诚实学校的优秀学生吃亏；其实，这种担心是多余的，因为无数事实已经证明，真正的品德纯正、知识扎实、能力全面的优秀学生是不怕高考的。

教育的诚信从自身开始

今天早晨打开电子信箱，看这样一封信——

需要评职称的老师你们好，如果以下有你需要发表的刊物，请与我们联系：《中小学教育》《机电信息》《现代教学研究》《中国信息技术教育》《吉林教育》《佳木斯教育学院学报》《绵阳师范学院学报》《农机化研究》《中南林业科技大学学报》《沈阳农业大学学报》《大连工业大学学报》《哈尔滨理工大学学报》《理论月刊》《煤炭技术》《制造业自动化》《湖北社会科学》《武汉大学学报》《思想理论教育导刊》《人民论坛》《中国出版》……

有这样好的事！编辑们如此慷慨提供发表园地，莫非他们都是雷锋不成？

显然不是。因为发表文章都是有偿的——不是编辑给作者发稿费，而是作者给编辑交费用。信的末尾，特别说明"如有急用的可加急，费用最低"，然后是联系信箱、联系电话和联系人姓名。

这样的信显然是“群发”，我不知收到过多少。看着信中罗列的这些刊物名称，我真不相信，这些在我心目中特别神圣庄严的学术刊物，居然沦落到如此地步——发表文章成了买卖，一手交钱，一手交货。我想不通，我在你杂志上发表了文章，你靠我的文章盈利（这些杂志都是标有定价的公开刊物），应该给我稿费才是，怎么反过来还要我给你“版面费”呢？这不是如乡下人所说“屁股屙尿——反了吗”？

无论如何，我不相信杂志所代表的学术殿堂会如此堕落（许多都是我敬仰的大学学报啊），很可能是个别不法之徒打着这些杂志的旗号行骗。《中小学教育》、《武汉大学学报》、《吉林教育》等杂志的主编应该追究行骗者的侵权行为。

再仔细一想，市场经济有卖的就有买的，有需求才会有市场。那么需求者是谁呢？当然是中小学教师——准确地说，应该是如信的开头所称呼的“需要评职称的老师们”。

可是，为什么以教书而非写作为日常行为的老师们会有这样的“需求”呢？

长期以来，中小学教师评高级职称有一条“硬杠子”：必须有“科研论文”，有了科研论文不一定能够评上职称，但没有“科研论文”则“一票否决”。对此我一直想不通：中小学教师的主要精力究竟是带班上课呢，还是写科研论文？当然，如果一个老师班带得好，课也上得好，同时又能搞教育科研，而且还会写论文，这当然是令人钦佩的；但是，并不是每一个老师都能真正达到这样的境界的。对多数老师来说，很难同时兼得。如果不能兼得，什么是他最迫切最重要的选择呢？我认为当然是带好班上好课，而不是写“论文”——因为前者关系着学生的未来，而后者仅仅关系着教师的职称。带不好班上不好课，绝对不是称职（且不说“优秀”了）的老师，但评职称时不会被“一票否决”，可没论文发表居然就要“一票否决”，这是什么逻辑！

难道因为有“一票否决”的“引导”，老师们的科研能力就增强了吗？难道他们的论文水平就提高了吗？我看未必。发表论文的数量倒可能提升了，但与此同时，弄虚作假的风气也渐渐形成，甚至愈演愈烈——各类杂志的“有偿发表”应运而生。市场就是这样形成的。

我呼吁取消中小学职称评定中所谓“没有论文便一票否决”的规定。教育的诚信和纯洁，请从教育自身开始。

“名校”的手段

我离开成都石室中学好多年了，但我一直为自己曾是石室中学的教师而自豪。因为这是一所真正的名校——她当然有骄人的教学质量，但石室中学的骄傲绝不仅仅在此，更令人敬仰的是，在两千多年绵绵不绝的办学历史中，这所学校曾经活跃着卢照邻、岑参、王维、杜甫、陆游、郭沫若、李一氓、何其芳、李劼人等人的身影，即使到现在，只要走进石室中学的校园，你就会被那古朴而气势磅礴的汉代建筑风格的教学楼所震撼，被弥漫在空气中的古典文化气息所包围。这样的名校，是时间的积淀，是历史的结晶。而这样的积淀和结晶是不用什么“国家级示范校”、“四星级学校”之类的牌子来装潢门面的。

可是，在什么都可以速成的当今时代，名校也可以如超女一般一夜成名的——而这也正是一些校长的梦想。在不少学校，我看见过这样的口号：“三年打造名校！”我实在搞不懂，“三年”如何“打造名校”？但后来我终于搞懂了，名校的确是可以“催熟”的。

有一所学校，过去默默无闻，但近年来声誉鹊起。校长到处讲他如何“遵循教育规律”的办学经验和业绩——去年高考一下就“培养”出一个“状元”，还有7个学生考取清华北大！但该校一老师私下告诉我：“别听他胡说，假的，假的！”我吃惊地问：“难道你们学校去年的高考状元是假的？难道那7个清华北大生是假的？”他说：“前年高考，我校有一批学生上了重点大学录取线，但没有上清华北大的录取线，于是学校动员这些学生放弃录取，复读一年，学校免去他们学费、生活费等所有的费用，另外还给每人每月一笔不低的生活费。这些学生本来成绩就很拔尖，经过一年的‘回炉’，去年高考分数自然个个都高得不得了！状元就是这样来的，7个清华北大生就是这样来的！然后学校又花钱买通了好几家媒体，高调宣传学校‘素质教育’的‘成果’，一下子就产生了空前的社会反响，于是学校就成‘名校’了！”

原来如此！其实，名校诞生的“潜规则”已经是公开的秘密了。有的新建学校之所以一夜成名，大致是遵循这样的“规律”：建校之初，不择手段四处挖优秀生源——包括重金“收购”优质生源，然后以“泪水加汗水”的野蛮方式大搞“应试教育”；到了毕业年级，学校又以各种方式“分流”，强迫一些成绩不好的学生“自愿转学”——用比较“学术”的说法，叫“去分母”；升学考试的时候，又巧妙地作弊……于是，第一届毕业生“一炮走红”，学校名声大振；然后学校通过媒体大肆炒作，宣称如何“遵循教育规律”，如何“以人为本”，如何“素质教育”，还归纳出一些“数字化”的经验，比如突出一个什么什么呀，狠抓两个什么什么呀，落实三个什么什么呀……第二年招生的时候，学校大门前自然人头攒动，家长们带着孩子打破脑袋往里面挤，学校便百里挑一地择优录取（高额学费当然一分不少），这样，学校便步入“良性循环”，于是，“名校”诞生了！

如果你给这样的校长谈什么陶行知的“真教育”和苏霍姆林斯基的“人学”，他会笑你“太天真”和“过于理想化”。在这些校长看来，只有狠抓死揪，才是教育；升学率就是学校的一切！学校就是靠这成名的。为了这，可以不择手段地收购优生，撵走差生。当然，这些话，他绝不可能对着电视摄像机说的。

但我从心底鄙视这样的所谓“名校”！

有人曾经问我：“难道你认为现在有不靠优化生源而取得优异教育成就的学校吗？”我回答：“当然有！比如杜郎口中学！”我非常敬佩的崔其升校长，一不挖优生，二不撵差生，踏踏实实地搞课堂改革，从最后一名抓起，十年磨一剑，终于成为全国素质教育的典型。而且成名之后，该校由于地处偏僻，生活条件很差，到现在都还没有像有的名校“一炮打响”之后优秀生源云集的壮观场面，也就是说至今他们依然没有“优化生源”，依然教着当地农民的孩子，而且依然一年一年地成绩斐然。这样的名校，我服！

谁在宣誓？

这样的场面或新闻我们可能不会陌生——

某学校上千学生为某种承诺而举起右手庄严宣誓：“告别电子游戏”或“决不考试作弊”等等。有时候类似的宣誓活动不是出现在某一个学校的操场而是在城市广场，上万名学生宛如参加阅兵式伫立在广场，场面极为宏大。而且，无论在学校操场还是在城市广场，这样的宣誓有时还伴随着签名，百米长的白色条幅上，密密麻麻地写满了孩子们的名字……当晚的电视新闻或第二天的报纸头条往往便是这“激动人心”的场面报道。

据说这是德育改革的“新举措”，是引导学生“自我教育”的有效方式。不是吗？让学生庄严地举起右手大声地说出庄严的话，然后再写下自己的名字，这样的教育方式比起过去由教师站在讲台上喋喋不休地灌输大道理，不是要“进步”得多吗？于是，到了期末或年底，这样的活动往往会作为“成果”在总结里被大肆渲染一番。

但是，组织者是否在这样的宣誓活动之后搞一个实事求是的跟踪调查，看究竟有多少学生遵守了自己的诺言？就以“告别电子游戏”而言，那些痴迷电子游戏的学生果真因为参加了宣誓和签名就真的不再迷恋电子游戏了吗？

没有人会搞这样的调查的，因为组织者的目的达到了，他们要的就是千人宣誓的壮观场面和万人签字的轰动效应，追求的就是这种德育形式本身！至于效果如何，是无关紧要的。很难说组织者是有意搞虚假德育，他们不过是沿袭多年的“思想政治工作的优秀传统”而已；但这的的确确是标准的虚假德育——因为这种活动只有形式而没有效果！

哦，不对，其实是有“效果”的，这就是教会了学生如何庄严地说谎——他们之所以要宣誓，本不是他们自己的意愿，而是在老师的组织下举起了右手；同样，他们之所以要签名，也不是出于自愿，而是按老师的统一安排在白布上写上自己的名字。他们不过是老师意志的执行者而已，如同一个木偶，老师如何拉线，他们就如何动作。

如此一来，我们不得不问：究竟是谁在宣誓？

令人忧虑的是，如果仅仅是麻木地动动手还好些，问题是学生们在这煞有介事的表演中，不但学会了而且习惯了说别人希望自己说的话、做别人希望自己做的事，而且还要装出特别真诚的样子！

这不是陶行知当年所痛斥的“假教育”吗？双重人格就是这样培养出来的，废铁就是这样炼成的——如此教育，真是可怕！

教育需要活动，需要感染，需要学生的参与，需要生活的体验……但这一切都必须真正走进学生的心灵，宣誓也好，签名也好，应该是学生真正达到某种认识后的自觉的行为，只有这样，举起的右手和写下的名字才能成为他们心灵的见证，我们的教育才真正收到了实效。否则，为了让学生树立某种崇高的思想，而动员组织他们说出老师规定的话，这和过去的灌输式教育没有什么两样——同样是对心灵的粗暴侵犯。

用句现在比较时尚的表述，这叫“被宣誓”。

减少校园评估

胡锦涛同志曾经告诫老师们“静下心来教书，潜下心来育人”，寥寥数语却道出了教育的真谛。已经有学者说：“教育是慢的艺术。”我还想说：“教育也是静的艺术。”远离喧嚣，保持宁静，教育才能够真正“随风潜入夜，润物细无声”。

可是，现在的校长和老师要“静心教书，潜心育人”，何其难矣！上个世纪抗日救亡的年代，爱国学生喊出：“中国之大，已经安放不下一张平静的书桌！”现在是和平年代，据说还是“盛世”，可是我总感到学校也难以安放下一张平静的书桌。是谁打破了校园的宁静？或者说，是谁让校长们老师们不得安宁呢？

是那一拨又一拨且无穷无尽的各类“评估”、“检查”、“督导”、“验收”！

我曾在苏霍姆林斯基墓前感慨，如果苏霍姆林斯基生在今天的中国，他会怎样当校长？或者说他能否胜任校长？相对来说，苏霍姆林斯基所面临的行政环境比较单纯，他只要考虑如何把学校办好就可以了。巴甫雷什中学不仅在苏霍姆林斯基时代，而且现在也没有这样“评估”那样“督导”，没有“达标”“创重”等任务，因而校长只需考虑一件事：如何把学校办好？单纯的人（校长）和单纯的事（教育），便诞生了不朽的苏霍姆林斯基和他的巴甫雷什中学。我当然知道这个常识：教育不是孤立的，学校也不可能是世外桃源，但是，教育需要相对单纯，而不应该负担太多的非教育的东西；学校也应该相对宁静，而不应该不断被折腾，让校长和师生疲于应付无穷无尽的“检查”“验收”。

我还知道，作为教育行政部门，有责任对学校的办学方向、教育质量、运作程序进行监督调控，以保证学校的健康发展，提供让人民满意的教育。但我认为，这种监督和调控应该是宏观的，而不应该具体到验收教案、调看课表、抽查作业……现在的各类评估检查，无一例外都是“量化”，学校工作所有方面、各个环节均折合成分数，于是，为了保证不扣分，几乎每次“迎检”都是一次学校总动员的“补救”：补档案、补材料、补数字……而所谓“补”，说穿了就是作假。而且这个作假到了“无微不至”的程度：比如上面要求开设法制课，于是本来没有开设这门课的学校就得赶紧改课表，还要在学生中“统一口径”！熬更赶夜，劳民伤财，最后获得一个虚假的“好评”，这样的“验收”“评估”距离教育行政部门的初衷何止十万八千里！

真不知道如果陶行知在世，他将如何评价这样的“评估”；更不知道他如果活在今天，又将怎样当校长！胡锦涛同志去年还说了“不折腾”，我想教育更不应该被折腾。而要减少或停止对校园折腾，请从减少各类“评估”“验收”开始。

请尊重学生自习的权利

一位重点中学的校长给我讲了这样一件事——

高考复习期间，一位白发苍苍、临近退休的老教师为了给毕业班的学生多补一些知识，一次又一次地占用学生的自习课。学生开始还能“理解”老师，到后来实在无法忍受了，便给校长写信诉说他们的苦恼。当校长向这位老师转达学生的意见时，她流泪了：“我可是一分钱的报酬没要啊！我义务为学生补课，把全部身心都给了学生，可换来的竟是……唉，现在的学生让人寒心啊！”

校长对我说：“对这样敬业的老师，我还真不知道该怎么办！”

我毫不否认那位老教师的奉献精神，这精神的背后是她真诚的爱心。但我也要坦率地说，她也许没有意识到，既然课表上安排的是自习课，那么，这就是供学生自由安排的学习时间，如果不经学生允许而占用学生的自习课，这实际上是对学生权利的侵犯。换句话说，那位教师对学生的爱是非民主的爱，因为在付出如此“爱心”的同时，又“爱你没商量”地侵占了学生本应该自己支配的自习课时间。这种“爱”是很令人遗憾的。

占自习课的老师往往有一个非常“雄辩”的理由：“应试教育”逼得我们不得不这样做呀！谁不想图个轻松？难道我愿意多上课吗？还不是升学指标给逼的！

对此，作为同样是一线教师，而且曾经也多次占用学生自习课的我，予以充分的理解。但理解不等于赞同。因为“应试教育”与侵占学生自习课并没有必然联系。而且就以应试而言，企图通过侵占自习课来提高学生应试成绩，效果未必就很理想——第一，学生的时间是有限的，自习课被侵占了，他们自主学习的时间就少了，学习质量必然受影响。第二，学生在十分反感的心理状态下，真正能够听进老师所讲的多少有知识？第三，即使某一科的成绩因为占用自习课而提高，但付出的代价是其他学科学习时间的被挤压，学生总体应试成绩也不可能提高。

更重要的是，在是否无端占用学生自习课这个“细节”上，同样能够体现出教育者是否具有真正的民主精神。

毋庸讳言，由于种种原因，中国封建文化的残余至今还阻碍着我们的教育走向民主与平等。不能说现在的老师们都不热爱学生，但是，由于长期以来受传统文化中“师道尊严”的潜移默化的影响，在相当一部分教师的心目中，“民主与平等”的观念是比较淡漠的。在他们看来，教育者的一切都是为学生好，学生不但必须服从，而且更应该感激不尽才是。在师生关系上，学生只有服从的义务，没有自主的权利。于是，一些善良的教师往往不知不觉甚至是“好心”地损害着学生的尊严和感情，甚至侵犯学生的权利，也就毫不奇怪了。

说来惭愧，我刚参加工作那几年，也是侵占学生自习课的“积极分子”，特别是因为我一直担任班主任，因此，侵占自习课便有了得天独厚的条件了。但1988年9月，我在担任高二文科班班主任时和学生一起制订《班规》，学生对我侵占自习课表示了他们的不满，并在《班规》中明确规定："班主任不得占用自习课上语文，如有违反，罚扫教室一天。"从那以后到现在，我从没有侵占过学生一次自习课。如果说，当初我只是迫于《班规》的约束而"不敢"侵占自习课的话，那么，到后来我的确是自觉意识到：应该真诚地把民主教育贯穿于教育教学过程的每一个细节，包括不占用学生的自习课。让我欣慰的是，后来和我搭档的老师们都能与我在这个问题上达成共识：除非特殊情况，决不占用学生自习课。回顾我在这个问题上的"观念转变"，我真还很感谢我的学生呢！

因此，把自习课还给学生吧——让我们尊重学生自习的权利。

做真正的爱国者

1896年，17岁的爱因斯坦由于不喜欢德国人的军国主义精神，放弃了德国国籍，甘当"无国籍人士"。五年之后，他成为瑞士公民。1914年8月，第一次世界大战爆发。爱因斯坦积极投身反战运动。当时德国有九十多名著名的科学家、艺术家、牧师在一份《告文明世界》的宣言上签名，声称德国军民一家，为侵略比利时的行为辩护。爱因斯坦却在另一份相反的、为保持欧洲文化传统的《告欧洲人书》上签名。这是爱因斯坦第一次公开的政治声明。

战争结束后，爱因斯坦拥有了瑞士和德国双重国籍。又过了十几年，希特勒攫取了德国政权，几乎所有德国国民都沉浸在德意志帝国的狂热中，但爱因斯坦却在这时决定辞去普鲁士科学院院士，同时放弃德国国籍，只保留瑞士国籍，并宣布永远不再回德国。

在给普鲁士科学院的信中，他这样解释说："我打算辞去我在科学院的职位，并放弃我在普鲁士的公民权。我之所以如此，是因为我不愿意生活在一个个人法律上的平等权利、言论自由、思想自由都没有保障的国家里。"在《不回德国的声明》中，爱因斯坦更是掷地有声地写道："只要我还能选择，我就只想生活在这样的国家里，这个国家所实行的是：公民自由、宽容以及在法律面前公民一律平等。公民自由意味着人们有用言语表达自己政治信念的自由，宽容意味着尊重他人的无论哪一种可能有的信念。这些条件目前在德国都不存在。"

经过艰难的辗转，他最后到了美国，并于1940年取得了美国国籍。他之所以选择美国，当然和他认为美国拥有更多的民主和自由有关；不过即使如此，他也并不认为美国一切都好，相反他对美国同样持理性的批判态度，曾公开批评美国的种种弊端。然而，他始终没有为自己"背离祖国"而后悔过，直到1955年4月18日去世前，爱因斯坦一直保留着瑞士和美国的双重国籍。

没有谁会因此说爱因斯坦是一个"叛国者"，相反爱因斯坦以对人类的贡献为自己的祖国赢得了至高无上的荣誉——现在，人们一提起爱因斯坦，都会自然地想到他是德国人，而不是美国人。

触动我心灵的，不是爱因斯坦放弃德国国籍这件事本身，而是通过这件事，我看到了爱因斯坦是一个真正的爱国者。

而培养真正的爱国者，我认为，应该是今天学校爱国主义教育的任务。

这里还得辨析一下“爱国”这个词的含义。从字面上看，“爱国”就是“热爱国家”或“热爱祖国”（“祖国”一词在《现代汉语词典》中的解释是“自己的国家”）。但在实际运用中，“爱国”至少包括这样几种理解：爱自己所在的国家和政府，爱自己祖祖辈辈生活的土地，爱与自己有着血脉联系的民族，爱自己祖先留下来的历史文化，等等。要说明的是，这诸多因素并非都是理所当然的“爱”，尽管“爱国”是一种情感，但这种“爱”有时需要理性的反思与辨析。

我们提出培养真正的爱国者，当然是针对非真正的爱国者而言。“全盘西化”，一味拜倒在洋人脚下，什么都是外国的好，恨不得把自己眼睛也染成蓝色的“假洋鬼子”，当然与爱国沾不上边。但非理性的“爱国”，从本质上讲，也与真正的爱国相差甚远——因为这样的爱最终会损害所爱之国的利益。比如，“中国的月亮比外国圆”、“我们先前比你阔多了”，狂热的民族主义者，极端狭隘的排外主义者，都属此类。这样的爱国者显然不是我们所说的真正的爱国者。

真正的爱国者，有强烈的主体意识，对国家与民众的关系有着清醒正确的认识：国家是为民众而存在的，而不是相反。著名的《独立宣言》开篇写道：“我们认为下面这些真理是不言而喻的：人人生而平等，造物者赋予他们若干不可剥夺的权利，其中包括生命权、自由权和追求幸福的权利。为了保障这些权利，人类才在他们之间建立政府，而政府之正当权力，是经被治理者的同意而产生的。当任何形式的政府对这些目标具破坏作用时，人民便有权力改变或废除它，以建立一个新的政府。”爱因斯坦说：“国家是为人而建立，而人不是为国家而生存。……这就是说，国家应该是我们的仆从，而我们不应该是国家的奴隶。”陶行知也曾经说过：“中华民国是一个公司，四万万五千万人联合起来做老板。男人是男老板，女人是女老板；大人是大老板，小孩是小老板。大家都是中华民国的老板，大家都是中华民国的主人。”

我们要告诉学生，对国家而言，任何一个人首先是一个公民而不是臣民更不是顺民。而公民从法律意义上讲，应该是权利与义务的统一体；也就是说，如果只有义务而没有权利就不是真正的公民。但是，几千年的封建统治使我们的民族有着浓重的“臣民意识”，封建统治者需要的只是百姓的绝对服从。这反映在教育上便是长期以来的“听话”教育，没有任何自己的独立思想与独立人格。我们的一些教育者在对学生进行爱国主义教育时，往往绝对而无条件地宣扬“国家至上”，以此剥夺公民的正当利益，使公民只有义务而没有权利；或者要求公民在任何情况下，都必须恪守“个人的事再大都是小事，国家的事再小都是大事”的准则，在所谓的“爱国主义教育”中有意无意地压抑个人尊严而灌输臣民意识。把“爱国”同爱政府官员等同起来，甚至把人民公仆视为救世主而感恩戴德，于是，国家与民众的关系成了君臣关系和主奴关系——这样的“爱国”不过是封建专制文化中忠君思想的翻版而已。

真正的爱国者，对自己的国家和民族乃至历史文化传统都保持着一种批判精神。他当然爱自己的祖国，但这种爱绝不是表现为无条件地赞美祖国的一切，而是“爱之深，责之苛”，以理性的眼光审视周围的一切。任何一个民族和国家都有着值得赞美的地方，也有着值得反思和检讨的地方——无论是历史文化、社会现实乃至政府的具体行政举措，因此，只会对国家说“好话”的人未必真爱国，而经常对国家的历史与现实提出批评乃至批判的人，未必不爱国。恐怕没有人能够否认，曾写下“我以我血荐轩辕”的鲁迅是一位真正的爱国者吧？他对我们的民族有着炽热而深沉的爱，正是为了中国的振兴与富强，鲁迅弃医从文；但恰恰是他，为了启蒙百姓唤醒民众，对中国的传统文化予以了尖锐激烈的批判：“我翻开历史一查，这历史没有年代，歪歪斜斜的每页上都写着‘仁义道德’几个字。我横竖睡不着，仔细看了半夜，才从字缝里看出字来，满本都写着两个字是‘吃人’！”——他“竟然”用“吃人”二字来概括中国几千年的历史！然而，纵观鲁迅的一生，谁能否认他是一位真正的爱国主义者呢？相反，不正视我们民族的弱点和我们国家存在的弊端，如鲁迅当年批评守旧之国粹派所说：“只要从来如此，便是宝贝。即使无名肿毒，倘若生在中国人身上，也便‘红肿之处，艳若桃花；溃烂之时，美如乳酪’。国粹所在，妙不可言。”这样的“爱国”，客观效果是在“害国”。

另外，这里的“批判”，还包括对国家对政府的监督批评。既然国家本质上是因民众而存在并通过各级政府为民众服务的，那么，监督政府对任何一个公民来说，既是权利也是义务。这里，监督包括了舆论监督，而舆论监督正包含有批评和批判。正如公开批评具体的党委书记不能说是“反党”一样，公开批评具体的政府领导人（无论是哪一级别的政府领导人）甚至依法起诉违法的政府乃至要求依法罢免政府官员同样不能认为是“反政府”或“不爱国”。有人说爱国应该体现于爱政府，所谓“人民政府人民爱”；但我认为，这里的爱不是无条件的而是有条件的。这条件便是——“人民政府爱人民”！

真正的爱国者具有一种忧患意识，或者说随时都保持着一种危机感。爱国不仅是一种情感，也意味着一种责任，这种责任源于自豪感和危机感的统一。对于教育来说，培养学生对祖国的自豪感，无疑是应该的——

神州大地幅员辽阔、物产丰富、山河壮丽，文明古国悠久的历史和灿烂的文化，古往今来中华民族对世界文化、艺术、科技的杰出贡献和一代又一代英雄豪杰可歌可泣的事迹，以及当代改革开放取得的巨大成就和对人类的新贡献……这一切都让我们感到作为这块美丽土地的主人和一个伟大民族的一员是多么光荣和自豪。但爱国主义教育仅仅如此是远远不够的。我们在看到辉煌成就的同时，我们还应让学生清醒地认识到，由于种种原因，我们国家在许多方面仍然存在着许多困难和问题：在经济迅猛发展的同时，政治体制改革、政治民主建设严重滞后，正阻碍着中国的进一步发展。另外，面对诸如日益严重的腐败、分配不公、贫富悬殊、三农问题、人口负担、教育发展、环境污染、治安恶化、道德滑坡等等社会问题，每一个真正的爱国者，都会因此而有一种深深的危机感——所谓“落后就要挨打”，就要“被开除球籍”！需要特别指出的是，这里的“落后”绝不仅仅是指经济落后，还包括政治文明和精神文明建设的落后。

有一种“爱国主义教育”强调所谓“主流”，强调所谓“本质”，因而回避现实矛盾，只让学生了解所谓“光明面”，只给学生讲“形势大好”，这样的教育也许会让学生“欢欣鼓舞”，但这在客观上是一种自欺欺人的“麻醉教育”！现在有的媒体动辄就宣扬“21世纪是中国人的世纪”，或者说中国什么什么经济指标已经“位居世界前列”，整天充斥于我们耳边的，都是“喜气洋洋奔小康”的欢呼声——很难想象，这些宣传是我们国家真实现状的反映。古人尚且知道“生于忧患，死于安乐”的道理，难道我们今天还要自己麻醉自己吗？如此“爱国主义教育”绝不可能培养出我们所期待的真正的爱国者，因为这种教育会让学生在自满自足中丧失对国家的责任感和使命感。因此，在爱国主义教育中，我们在理直气壮地向学生介绍辉煌成就的同时，还应当实事求是地教育他们正视中国目前的落后和种种社会危机，培养学生的忧患意识，使他们感到自己肩上所担负的责任，进而产生“担负起天下兴亡”的责任心和“只争朝夕”的紧迫感。

真正的爱国者，具有包容世界的宽阔视野。我们的地球已经越来越成为一个“村子”，因为世界已经进入全球化时代，国家与国家、民族与民族之间的联系千丝万缕，想割断都是不可能的。在这样一个大趋势面前，关起门来“爱国”，无论其愿望多么善良美好，都无异于将中国置于人类文明进程的轨道之外。是的，现在世界上还有需要我们警惕的政治霸权和文化霸权，还有我们反对的局部战争，但主流是和平与发展，是对话与交融。我们不一般地反对“民族主义”，关键是如何理解“民族主义”。关于“民族主义”，我同意一位我非常尊敬的学者的分析——

民族主义是孙中山先生为使中国摆脱资本主义、殖民主义的侵略压迫而提出的伟大目标。但是中国传统的理想却是“天下主义”而不是“民族主义”。所以孔子说：“大道之行也，天下为公。”子夏说：“四海之内皆兄弟也。”后人如顾炎武、王夫之特别区分“国”与“天下”的差别，置天下于国之上，以为国不过是指政权，而天下是指文化。所以美国汉学家列文森认为中国人的“天下主义就是文化主义，因为中国人古来并不重视异民族的肤色容貌，而只重视它的政教礼乐，所谓‘进于夷狄则夷狄之，进于中国则中国之’”。中国的“民族主义”是到19世纪末在列强环伺欺压下才产生的。因此，它只能是民族解放主义，而不能是民族扩张主义。在这个加速全球化的时代，在中国复兴而取得与世界列国平等的地位

以后，中国的文化应该还是回复到文化主义与天下主义——在今天来说也就是全球主义。

中华民族当然应该保护自己的文化血脉，但中华文明更应该面向世界敞开自己的胸怀，海纳百川。一切义和团式的排外主义情绪，一切唯我独尊的狭隘民主主义思想，都只能把中国引向孤立，引入死胡同。前几年，在抗议以美国为首的北约轰炸中国驻南使馆的浪潮中，有人喊出了“与美国断绝外交关系”的口号；近年来，面对日本军国主义否定历史的种种行径，有人发出了“抵制日货”的倡议。不能说这些人不爱国，但他们的声音却是非理智的，也是不明智的。这里，我们必须强调的是，从某种意义上说，为了抵御美国霸权主义、日本军国主义而发愤建设我们的国家，恰恰需要向美国等发达国家学习。早在一百多年前的清末，尚且有仁人志士提出“师夷之长技以制夷”，半个多世纪以前，鲁迅先生也曾提出“拿来主义”的主张，到了21世纪的今天，我们岂能关上国门而自闭于世界？欲强我中国，必须面向世界，这是我们百年屈辱百年抗争换来的宝贵经验。20多年改革开放的伟大实践，使中国人民有了开阔的国际视野。我们推崇的是与法治、民主、科学相结合的现代爱国主义，而不是“闭关锁国”盲目排外的狭隘的“民族主义”。我们永远反对霸权，但我们永远都不应排外！

真正的爱国者，是一个行动者而不仅仅是演说者，其爱国行为往往从身边的细节体现出来。对有的人来说，想的和说的可以不一样，说的和写的可以不一样，写的和做的可以不一样。“爱国”嘛，那不过是在写作文或者演讲时的词儿！当然，毋庸讳言，这是与我们过去爱国主义教育过程中某些形式主义做法分不开的。对此，苏联杰出的教育家苏霍姆林斯基曾尖锐地批评道："儿童、少年、青年口头上会说他怎样热爱祖国，甘愿为祖国而牺牲，但是这些话本身并不能作为学生所受的爱国主义教育程度的真正标准；教育的明智就在于：不要让我们的学生毫无热情地、不假思索地说出这些话来。因此，我们坚决禁止组织这样的竞赛：看谁关于热爱祖国的讲演或作文做得最漂亮。学生高谈阔论爱祖国，取代了教学生爱祖国，这是不可思议的事。"

所以，"爱国"不应该仅仅充满激情的宣言，而首先是自然而然、朴实无华的行动。"爱国"与其说是一种观念，不如说是一种行为，而且这种"行为"并不一定是惊天地、泣鬼神的牺牲。然而，从前一提"爱国"，就不由你不"热血沸腾"，因为"爱国"几乎就是"铁马冰河入梦来"、"砍头不要紧"、"冒着敌人的炮火前进"、"打不尽豺狼决不下战场"……的同义语，所以"爱国"也就只能是"壮举"：坐老虎凳，送密电码，舍身炸碉堡，挺胸堵枪眼……即使不"化作了山脉"，至少也应有"血染的风采"！这样的"爱国"，当然令人肃然起敬，而且是在祖国面对危难时每一位普通公民都应该做到的。但是，在和平时期如果我们老想到只有"抛头颅、洒热血"才算"爱国"的话，那么，这样的"爱"不但太困难而且也太矫情了！

还是那位教育家苏霍姆林斯基，为了向学生进行爱国主义教育，特地在他的巴甫雷什中学的大门上，写上这样一幅大标语："要爱你的妈妈！"当有人问苏霍姆林斯基，为什么不写"爱祖国"、"爱人民"之类的标语时，他回答说："如果一个孩子连自己的妈妈也不爱，他还会爱别人、爱家乡、爱祖国吗？"他还严肃地说："必须使儿童经常努力给母亲、父亲、祖父、祖母带来欢乐。如果一个人在亿万个同胞里连一个最亲的人都没有，他是不可能爱人民的；如果一个人心里没有对最亲爱的人的忠诚，他是不可能忠于崇高的理想的。”

这就是孟子所说的“老吾老，以及人之老；幼吾幼，以及人之幼”。由爱自己的父母开始，我们更应该这样似乎微不足道而又实实在在地“爱国”：爱自己的老师，爱自己的同学，爱单位车棚忠于职守的大爷，爱山区小学渴望救助的儿童，爱商场柜台前给你以亲切微笑的营业人员，爱大街路灯下给你以洁净环境的环卫工人；爱自己生活的城市，爱自己居住的小区，爱单元楼房里那清爽洁净的过道，爱学校大楼前那洁白如玉的墙壁，爱公共厕所里的每一块瓷砖，爱街心花园旁的每一棵树苗……

——这样的“爱国”，也许不那么“悲壮”，但同样真诚，而且更自然，更朴实。

PART5

第五辑　脚踏实地做教育

尽管就一般情况而言，教师在学科知识、专业能力、认识水平等方面远在学生之上，但就人格而言，师生之间是天然平等的；教师和学生不但是在人格上、感情上平等的朋友，而且也是在求知道路上共同探索前进的平等的志同道合者。

让孩子们走向大自然

说起对新世纪教育的眺望，我却忽然想起了两千多年前，孔子与其学生的一次聊天——

当孔子问及学生们的志向时，子路等人踌躇满志地大谈安邦治国之理想，孔子却不以为然。随后他问曾点："点，尔如何？"曾点从容不迫地应道："暮春者，春服既成，冠者五六人，童子六七人，浴乎沂，风乎舞雩，咏而归。"他的意思是说，在暮春三月的时候，穿上春天的服装，相约上五六个成年人，六七个小孩，在沂水里洗洗澡，在舞雩台上吹吹风，一路唱着歌儿走回来。比起子路等人，曾点的志向似乎并不"崇高"，但他的话立即引起了孔子的共鸣，孔子情不自禁长叹一声说："吾与点也！"（"我赞同曾点的想法啊！"）

我是大学时第一次从《论语》中读到这段对话的，当时颇感困惑：曾点的话，毫无半点雄心壮志可言，不过表明了他是一个"耍哥"而已，为什么竟然博得孔子的赞赏呢？后来，我成了一名教师，再读这段对话时，渐渐明白了一点点，或者干脆说我开始"理解"孔子了——从他对曾点的赞赏，我间接地感受到了孔子所追求的一种教育模式（境界？），这就是人与人（师生之间）的和谐以及人与自然的和谐；我甚至想象到了这样一幅图景：在春光明媚的原野上，孔子和他的学生们或席地而坐谈经论道，或迎风而跑歌咏舞蹈，他们的歌声在春风和阳光之中闪烁，他们的笑声在蓝天和白云之间飘荡……

这么一幅令人神往的教育图景，对于我们现在的教育来说，真是一种奢望。我决非感叹教育的“今不如昔”——无论是从教育的内容还是教育的形式，我们今天的教育当然远比孔夫子时代进步；但如果从人与大自然的关系看，今天的孩子已经越来越成为笼中的金丝鸟。50年代的孩子还可以惬意地划着小船沐浴“迎面吹来凉爽的风”，而今天的孩子只能从老师教的《让我们荡起双桨》的歌曲中去羡慕他们的爷爷奶奶的童年了！

我不想在此抽象地论证大自然对孩子健康成长的作用，我只想说明这样一种可怕的教育现实：当我们的孩子能够熟练地操作电脑时，或者能够在小小年纪就取得钢琴、小提琴以及其他什么乐器的“十级证书”时，或者能够一口气背下圆周率后多少多少位小数时，或者能够在国际数理化奥林匹克比赛中拿回金牌时……他们可能已经被畸形的教育异化了！据有关专家调查，现在相当多的城市孩子不知什么是东南西北，晚上看不见远处的东西，也听不到远处的声音，不会和别人一起玩。专家们指出，孩子们没有自然空间的生存体验，当然也就不会产生识别方向、听取远声音等需求。这就如同在动物园长大的野生动物一样，失去了自然的生存条件，就会失去很多天性和能力。其实，即使不用专家们提醒，几乎每一个教育者（当然包括孩子家长）都可以从自己身边的孩子身上看到“退化”的征兆——去年，我和学生一起到野外徒步旅行，结果我那些处于青春期的少年们的体力远远不如我这个“聊发少年狂”的“老夫”！

自从人类进入文明时代，人们总是对教育寄予太多的厚望。但是，教育在随着科学发展而进步的同时，却远离了大自然，而远离大自然的教育无疑不是完整而健全的教育。教育的这种畸形发展，早就引起了教育家们的忧虑。当年，陶行知先生曾这样大声疾呼："……在现状下，尤需进行六大解放，把学习的基本自由还给学生：一、解放他的头脑，使他能想；二、解放他的双手，使他能干；三、解放他的眼睛，使他能看；四、解放他的嘴，使他能谈；五、解放他的空间，使他能到大自然大社会去取得更丰富的学问；六、解放他的时间，不把他的功课表填满，不逼迫他赶考，不和家长联合起来在功课上夹攻，要给他一些空闲时间消化所学，并且学一点他自己渴望要学的学问，干一点他自己高兴干的事情。"读到这段话，我真是心痛——为现在的孩子们心痛！现在的孩子远远没有享受"六大解放"，相反他们正遭受着"六大束缚"！民主与科学的教育不是一句空话，它必须要具体落实在学生的"六大解放"上；否则，无论怎么高喊"素质教育"都不过是叶公好龙而已。苏联杰出的教育家苏霍姆林斯基也曾这样谆谆告诫教育者："让孩子们在没有打开书本去按音节读第一个词之前，先读几页世界上最美妙的书——大自然这本书。……到田野、到公园去吧，要从源泉中汲取思想，那融有生命活力的水会使你的学生成为聪慧的探索者，成为寻求真知、勤于治学的人，成为诗人。我千百次地说，缺少了诗意和美感的涌动，孩子就不可能得到充分的智力发展。儿童思想的本性就要求有诗的创作。美与活跃的思想犹如阳光与花朵一般，是有机联系在一起的。诗的创作始于目睹美。大自然的美能锐化知觉，激发创造性思维，使言语为个人体验所充实。"我们的教育什么时候能够让孩子用身心直接阅读大自然这本博大精深的书呢？

人类历史即将进入一个新的千年，孔子、陶行知和苏霍姆林斯基所向往的教育境界仍然应该是我们的追求。让我们的课堂吹进大自然的和煦清风，让孩子们走向大自然，在青山绿水之间强健体魄、飞翔心灵、解放个性，这是我对新世纪教育的企盼。

——是的，无论是小桥流水的优雅情趣还是大江东去的磅礴气势，无论是朝阳初升时小草上的一颗露珠还是暮色降临时原野的一缕炊烟，都能使我和我的学生深切地感受到："我们都是自然的婴儿，卧在宇宙的摇篮里。"（冰心《繁星》）

"老师，用我的笔吧！"

课间休息，一女生来到办公室："李老师，我想借个杯子喝水服感冒药。"我坐在椅子上，用手指了指角落的书柜："喏，第二格抽屉里有，自己拿吧！"学生找到杯子，自己倒开水服了药，说："谢谢李老师！"然后走了。

上课了，是作文课。学生在下面写作文，我在讲台上批改作业。这时，手中的红色圆珠笔没油了。于是，我轻声地问前排学生："谁有红色圆珠笔，借来用用？"虽然是轻声，但许多学生都听见了。于是，坐在前几排的学生都争先恐后地从书包里拿出文具盒，然后以最快速度打开，找出圆珠笔，纷纷把握着笔的手伸向我："李老师，用我的笔吧！""李老师，用我的！用我的！”每一双眼睛都充满了真诚的渴望。还是那位课间向我借杯子的女生反应敏捷，坐在第三排的她几乎是小跑着上前，把笔递到我的手中——在递到我手中之前，她还细心地将笔芯旋转了一下，把原来的蓝色旋转成红色。

这是许多年前的一幕，当然是很普通的事，但至今历历在目。

尽管不一定每一个学生都向老师借过杯子，但我相信几乎所有老师都曾向学生借过笔，并享受过学生争先恐后递笔的热情。

我由这件小事往深处思考的是：为什么学生向我借杯子，我想都没有想过亲自把杯子递给她呢？而我向学生借笔时，为什么学生没有对我说：“喏，文具盒里有，自己拿吧！”

而且这样的“为什么”还可以问许多：为什么校园里师生相逢，往往是学生先招呼老师，而不是老师先招呼学生（而且有时学生招呼老师，老师还爱理不理的）？为什么上课前学生毕恭毕敬地向老师鞠躬：“老师好！”而老师往往只是敷衍地说声“同学们好”甚至只是“嗯”一声？为什么学生到医院看望老师不过是“应有礼貌”，而如果老师到医院看望病中的学生就成了难能可贵的“事迹”？为什么老师去家访时，学生总会为老师搬来椅子，而学生来到办公室很少享受“请坐”的“待遇”？为什么学生违反了校纪被处分是“理所当然”，而老师犯了错误接受班规惩罚就成了“品德高尚”？……

一切都源于根深蒂固的潜意识：师生是不平等的。

人们谈到教师不尊重学生时，往往想到的是打骂学生，其实，真正打骂学生的老师是极个别。而更多的时候，是我们以非平等的态度对待学生，尽管我们也没有打骂学生，但很难说我们真正是尊重学生。这种师生不平等的“集体无意识”多年来弥漫于校园，浸透在师生关系之中。这当然是有文化背景的。完全可以这样绝对地说，中国传统教育没有平等，只有等级。众所周知，出于封建权贵集团的整体利益，历代统治者一向十分强调君臣父子、上下尊卑的封建等级秩序，倡导“三纲五常”、“三从四德”等封建伦理道德。封建社会等级森严，一切俸禄、礼、教，甚至服饰都有严格等级标志。这反映在教育上，必然是培养学生的等级秩序意识。对学生而言，首先体验到的“等级”，便是师生关系。不可否认，传统教育文化中的“师道尊严”至今都有其积极因素，但同样应该正视的是，“师道尊严”确实包含了一些封建糟粕，受此思想影响，教师与学生之间总有一道不可逾越的鸿沟，师生之间等级森严，泾渭分明，不可越雷池一步。在专制教育体制下，教师的地位被神化和权威化。从“天地君亲师”的神龛牌位我们便可以看出：教师的权威是不容置疑的。所谓“一日为师，终身为父”，表面上看，强调的是学生对老师的尊敬；而实质上，强调的是学生绝对服从的臣民意识和教师至高无上的家长权威，以及学生对教师的绝对服从。

平等不等于民主，但没有平等绝对没有民主。每一个人的出身背景、智力水平、学历程度、经济状况、社会分工等等都不可能完全一样，但在人格上绝对是平等的。国家主席刘少奇曾握着淘粪工人时传祥的手说：“你当清洁工是人民的勤务员，我当主席也是人民的勤务员。”刘少奇这句话绝对是正确的。但当年媒体在宣传这句话时，侧重点则是表现刘少奇同志的平易近人；而“平易近人”本身并不是真正的平等，因为当我们觉得某人“平易近人”时，我们已经在仰视他了。还有一个与刘少奇有关的说法也很说明问题。“文革”结束后，不少被迫害致死者的家属常常这样说：“连堂堂国家主席都被整死了，我们的亲人死了又算得了什么呢？”这种说法的前提，就是国家主席与普通公民的生命的不平等。其实，无论你是国家主席，还是淘粪工人，都没有高低之分，没有等级之别，你都拥有均等的机会和相同的政治权利，生命和尊严更是等值的。

同样，尽管就一般情况而言，教师在学科知识、专业能力、认识水平等方面远在学生之上，但就人格而言，师生之间是天然平等的；教师和学生不但是在人格上、感情上平等的朋友，而且也是在求知道路上共同探索前进的平等的志同道合者。

也许在不经意之间，我们就为未来培养着公民或顺民。平等只能靠平等来培养，让我们从细节做起——比如，下次学生再向我借杯子，我一定亲手递上……

尊重每一位孩子的未来

很多年以前，我到一所非常著名的中学参观。走进校门，就看到一尊我国现代某著名文学巨匠的塑像；往里面走十来步，又是一尊塑像，雕刻的是我国某著名物理学家的形象；再朝前面走，又迎来了一位华裔著名科学家的塑像。这几位大师的少年时代，都是在这校园里度过的。陪同我参观的校长非常自豪地对我说："除了这三位世界级的大师，我们学校还培养了十多位院士，我们的校友中，还有一位担任过全国人大常委会副委员长！"我非常理解校长的自豪感，但我同时在想，这个学校创办百年，显然绝不只是培养了校园里所展示的以及校长所提到的十多位学生，而是千千万万个社会普通劳动者。在这数以万计的毕业生中，能够“著名”毕竟是少数，而绝大多数都悄无声息——他们在自己的岗位上，以自己的劳动为生，同时为国家奉献着自己微薄的力量。这样的劳动者，同样是母校的成果，是学校教育成功的标志。

然而，有的学校总是有意无意地把占毕业生总数百分之九十九以上的普通劳动者忘记了，而只记住那百分之几甚至百分之零点几的“某某家”。校庆的时候，“主席台前排就座的”除了前面说到的学界泰斗或名流，还有就是一些官员和老总们，好像校庆就是为他们搞的聚会，而一般的校友们则被冷落了。母校如此势利，在让少数成功人士无比荣耀的同时，让更多的校友感到了寒心。有一句话在很多学校被用来鼓励学生：“今天，你因学校而荣；明天，学校因你而荣！”当孩子们在用稚嫩的嗓音喊出这句话的时候，他们不知道，其实他们中的绝大多数“明天”是不可能让学校因自己而“荣”的，因为“著名的什么什么家”只是凤毛麟角，而大多数人一辈子都是默默无闻的凡人。

我再次想到了苏霍姆林斯基。他认为，不论是未来的科学家、思想家、艺术家、工程师、技师、医生，还是未来的钳工、车工、农机手、拖拉机手，乃至泥瓦匠、炊事员，都应该是富有智慧并因劳动而幸福的人。苏霍姆林斯基眼中的“人”，绝不只是少数有可能成为科学家、艺术家等名人的天才少年，而更是包括了未来只能成为普通劳动者的孩子。一个人能否成为科学家甚至获得诺贝尔奖，更多的和他的天赋以及家庭教养有关，和学校也有关，但关系不大。如果我们只盯着学生是否获得了这样或那样的大奖，是否考上了清华北大或哈佛耶鲁（甚至为此目的而不择手段地挖别人的优生），而忽略了培养无数善良勤劳富有智慧的普通劳动者，这是教育的悲哀!

尊重每一位孩子的未来——不管他是杰出者，还是普通人，只要善良正直勤劳，都是我们的骄傲！有一次，我在我校教工大会上说：“我们学校才创办七年，我坚信它会存在七十年乃至七百年！现在我们的校友中还没有一个院士，但我坚信以后会有的。不过，我更希望，在七十年后的成都市武侯实验中学校园里也会有校友的雕像林，不过我希望在这雕像林中，不但有科学家的雕像、文学家的雕像，也有中国第一厨师的雕像，有中国第一鞋匠的雕像，有中国第一环卫工人的雕像……还有更多不是‘中国第一’但每天都在平凡岗位上给周围的人带去快乐的劳动者，都是我们学校的光荣！”

让孩子拥有选择权

在不少家庭，父母和孩子常常发生这样的冲突：吃早点，大人要吃馒头，孩子却要吃面包；买衣服，大人要孩子买制服，孩子却要买休闲装；节假日，大人要孩子一起逛街，孩子却要在家听音乐……

成长中的孩子当然需要教育需要引导，但那是在做人的最根本问题上的教育和引导，而上面所说则显然不属于“根本问题”。要解决类似的两代冲突，我认为，关键在于尊重孩子，让孩子拥有选择权。

从计划经济到市场经济给人们观念行为带来的一个最大变化是，从只需“被动接受”到必须“主动选择”。这种观念行为的变化也应体现在家庭教育中。仔细想想，从“被动接受”到“主动选择”，其实还不仅仅是观念行为的变化，它实质上体现了作为个体的人在社会中的不同地位和人对自身的不同认识，即人是自身的主体，还是他人的客体？在传统的专制型家庭中，子女无疑只是客体，他的一切行为——无论是眼前的一日三餐还是将来的升学就业乃至结婚成家，都听命于父辈安排。在这样的家庭中，子女很少有自主性，更谈不上“选择”。

充满民主的家庭教育，要求家长尊重子女“选择”的权利。在家庭中，子女与父母当然会有不少分歧，而且中学生与父母的分歧会更多——有生活方面的（晚饭吃什么菜呀，今天穿什么衣服呀，房间怎么布置呀等等），有学习方面的（学习时间的安排，学习计划的制订，学习方法的采用等等），还有思想认识方面的（对某种社会现象的不同评价，对某部电视剧的不同看法等等），而对子女的不同见解，家长们应该高兴而不应愠怒，因为这说明孩子试图用自己的大脑进行思考并尝试不依赖大人的搀扶而自己独立前行。这时，家长明智的做法是与孩子一起商量，在亲切的交谈中探讨、比较各种方案或主张的优劣，从而引导孩子作出正确的选择。

也许有的家长会说：“孩子的选择不一定正确，因为他们毕竟还小呀！”是的，尊重孩子的选择并不能保证孩子每一次选择都是正确的。这就要求家长们在尊重孩子选择权利的同时，还应培养孩子“辨别”的能力。不过“辨别”的能力也只有在“选择”的实践中培养，所以，最好的培养还是多为子女提供“自做主张”的机会。孩子需要添置衣服了，最好在式样、颜色等方面由孩子做主；星期天，最好由孩子办一天伙食，吃什么怎么吃由他去操心；学习上遇到困难了，家长就应帮着出出主意，但解决问题的办法最后还得孩子自己拿……在这过程中，孩子肯定会摔几个跟斗、走一段弯路，但“选择”的能力正是在一次次选择的尝试中得以提高的。家长千万不要用“不听老人言，吃亏在眼前”的责备来阻止甚至剥夺孩子“选择”的实践。

还需说明的是，尊重孩子的选择与让孩子尊重家长的建议是不矛盾的。在充满民主气氛的家庭中，尊重是相互的。家长不把自己的意志强加给孩子，充分理解并善于听取孩子的合理主张，这实际上是为孩子树立了一个尊重他人意见的榜样。在这样的家庭里，每个人都有发表不同观点并做出自己选择的权利，同时每个人也有尊重他人并服从正确观点的义务。权威不属于年龄和辈分，只属于真理。这样的家庭所培养出的孩子，将来很容易成长为善于正确处理好个人与集体、自由与纪律、权利与义务、自尊与尊他等对立统一关系的现代公民。

清明时节雨纷纷

昨天的南京还是阳光灿烂，今天却下起了小雨。

因为今天是清明，因为今天我来到了陶行知先生的墓前。

蒙蒙细雨，让陶行知先生的墓地格外庄严凝重。九年前的秋天，我第一次来这里凭吊先生时是一个人；而今天，和我一起来祭奠先生的，还有朱小蔓、韩邦彦、杨东平、杨瑞清等几十位中国著名的陶行知思想的追随者。前天，我专程到南京来参加“陶行知生活教育理论的当代价值高端论坛”和中国陶行知研究会常务理事会；今天，我们在会长朱小蔓教授的率领下，一起来看望长眠在这里的陶行知先生。

矗立在墓前的牌坊依然高大，左右两边石柱上由郭沫若书写的陶行知先生的名言依然醒目：“千教万教教人求真，千学万学学做真人”，横梁石碑上所刻写的陶行知先生手书的四个大字依然令人怦然心动：“爱满天下”。

我们向先生敬献花篮，然后在墓地前肃立，朱小蔓教授代表我们一行人，向先生致辞。朱教授声音舒缓低沉，饱含真情地追述了陶行知先生为改造中国而从事教育改革所作出的巨大贡献，表达了对先生的缅怀之情。她致辞结束后，我们集体面对先生的墓三鞠躬，随后缓缓地环绕先生的坟墓走了一圈。我们走得很慢，很轻，生怕惊醒了沉睡了六十多年的先生。

我在先生的墓碑前留影，又和朱小蔓教授合影。朱教授感慨地说：“去年我们一起在苏霍姆林斯基的墓地，今年我们又来到陶行知的墓前。这里太冷清了，中国所有的教师，都应该来这里纪念陶行知先生！”

我再次参观了陶行知纪念馆，在陶行知的照片前，和先生合影。

九年前我来这里凭吊了先生之后，写下一篇《愧对先生》。今天，面对先生我依然惭愧——当然，这更应该是当代中国教育者的惭愧。昨天，在晓庄学院，我站在陶行知的塑像前，看到塑像基座上刻着毛泽东的手迹：“痛悼伟大的人民教育家陶行知先生！”我心里想：那你掌握国家政权后为什么要通过发动组织批判电影《武训传》而转入批判你曾“痛悼”过的“伟大的人民教育家”陶行知呢？是呀，除此之外为什么至今中国没有真正的教育家？我进而又想：如果陶行知生活在今天，他能够成为教育家吗？别说成为教育家，恐怕他连当个校长都会十分痛苦！

我对杨瑞清说："我对中国的教育，只有悲观。和陶行知时代相比，今天的教育除了学校越来越漂亮，规模越来越宏大，在教育理念、教育改革等方面，不但没有进步，反而在后退！当年陶行知所痛斥的旧教育弊端，正是我们今天所追求的，而且这些弊端比当年有过之而无不及！为什么陶行知的思想不能成为当今中国教育的主流思想呢？现在我们都在说研陶师陶，我们究竟做了些什么？究竟有多少人认真学习过陶行知的教育思想？有多少人了解他？更不要说理解他了！有些人口头上说学习陶行知，其实不过是贴标签而已，更有甚者把学习陶行知当做'商机'！"

真是凑巧，刚好是八十年前的春天，陶行知在这里创办了晓庄师范，后来美国教育家克伯屈曾经来晓庄师范参观，并作出这样的评价："这是世界教育革命的策源地！"虽然晓庄师范仅存在了三年，但它毕竟存在了三年，并影响了中国的教育。今天呢？谁还能或者说谁还敢"擅自"办个什么真正意义上的实验学校？虽然当今中国，号称"实验"的学校无数，可课程一样，教材一样，教法一样，考试一样，评价一样……究竟"实验"了什么，天知道！

细雨中，陶行知墓前那"爱满天下"四个醒目的大字，却让我无比的伤感。现在，中国教育叫得最响亮的口号是"以人为本""一切为了学生，为了一切学生，为了学生的一切"，但在有些地方这不过是口号而已，是写在墙上美化校园的，或烘托校园"文化氛围"的；而实际上，是"以分为本"，是"一切为了升学率，为了一切升学率，为了升学率的一切"！为了这个升学率，生源大战血肉横飞；为了这个升学率，逼着成绩差的学生“自愿转学”；为了这个升学率，不惜重金挖外校的优生……

学校不择手段，教师尊严扫地，教育丧失良知！可怜的只是孩子。

如果陶行知先生活到今天，他会怎样想怎样说？呜呼，我不敢想象……

小雨依旧无声地飘着，天空如同我的心情十分暗淡。

离开了陶行知墓地，我们又来到“侵华日军南京大屠杀纪念馆”。雨下得更大了，似乎还在为72年前那场民族劫难哭泣。

对于南京大屠杀的惨烈，即使不来这里参观我也知道。但身临其境，依然感到窒息。

纪念馆的黑色墙上，镌刻着“死难人数：300000”的字样，我一下子想到流沙河先生对我说过的，在这里不应该用阿拉伯数字来表示死难者的人数，而应该用中文“三十万”，因为我们至今不能拿出详尽的遇难人数名单，这只是个大概的遇难人数。如果用阿拉伯数字则表明是精确数字，一个不多，一个不少，自己把自己套住了。用中文则没有这个问题，三十万表示概数。

我觉得流沙河先生说得有道理。不过，我的注意力不在这个数字的表述形式，而在“为什么拿不出精确的遇难人数数字”这个问题上。我们当然有一千个理由来解释这个问题，但是在我看来，面对民族的巨大灾难，任何为自己开脱的理由都站不住脚。至今还有日本右翼分子否认南京大屠杀，对此我们总是义愤填膺，却没有想过，为什么这些日本右翼分子会否认呢？这难道没有我们自己的原因吗？

出了纪念馆，小雨依然没有停。我想，今年的清明节过得真是有意义，我祭扫了陶行知的墓，又哀悼了几十万遇难同胞的亡灵。想到陶行知，想到南京大屠杀，我想到了如何尊重历史——

先别去说我们的敌人是如何否认历史吧，我们先反省一下：我们是如何对待自己的历史的？远的不说，就说新中国六十年吧，我们公正地记载和评价了吗？随便举一个例子，如果你现在去问问“80后”：“你们出生的时候，中国共产党第二代领导集体的核心是邓小平同志，请问除了核心，其他领导同志都还有谁呀？”有几个答得上来？

“新教育实验”沉思

一年一度的新教育年会落下帷幕好几天了，但只要一想起那几天，我依然心潮起伏。

我想，每一个学校的成果展示，感染了每一个人；五彩斑斓的主题展演，震撼了每一个人；干干、铁皮鼓等人的探索与效果，感动了每一个人；卢志文报告中的每一个字，都撞击着我的心灵，他特别感谢的“一个人”，让不少人热泪盈眶；最后，朱老师关于学校文化的主题报告，则在每一个人的头脑中掀起了风暴。

不知不觉，“新教育实验”已经走过十年。回想十年前，我在朱老师身边学习，和他一起探讨中国教育，我见证了他写下的一系列“理想教育”的文章，见证了《我的教育理想》和《新教育之梦》的出版，见证了他旗帜鲜明地提出“新教育实验”，见证了“教育在线网站”从萌芽到参天大树，见证了从玉峰实验学校开始的一个又一个实验学校的加入，也见证了从昆山到翔宇，从吉林到海安的一届又一届新教育年会……

朱老师曾经批评我“边缘化”了，如果相比起当初激情澎湃大声疾呼的姿态，我的确越来越处于新教育实验的“边缘地带”，但我内心深处并没有边缘于新教育。由于种种客观和主观的原因，我没有能如朱老师和其他许多老师的期待一样，成为新教育实验中最“显赫”的扛旗者，但其实我一直在以最成都最李镇西的姿势进入新教育，比如，几年来我校的教师专业发展有着扎扎实实的成效，专业阅读与教育写作成果斐然；又比如，我校目前“构筑理想课堂”的研究与实践红红火火并初见成效；还比如，就在本月初，我召集我校所在区域的十多所小学的校长举行了“区域推进新教育实验”的启动仪式……

任何一项改革都需要心灵震颤，需要精神飞扬，需要碧血燃烧，需要热泪盈眶，需要激动人心的理想主义，甚至令人憧憬的浪漫主义乃至悲壮的英雄主义情怀……但持续而深入的探索则不仅仅需要激情，更需要理性的思考，执著的信念，寂寞的探索，平凡而琐碎的行动，以及艰难而单调的坚守……十年来，我们的朱老师是这样的——从朱教授、朱市长再到朱主席，对教育的赤子之心和哲人之思一直都没有变。十年来，我们许许多多普普通通的教育者也是这样的——从运城到北川，从铁皮鼓到桃花仙子，他们行动着，他们坚守着……

但是——这是我今天想说的话，可能会让人感到“泼冷水”——我们每一个曾经为新教育激情燃烧的人，是不是都以平凡的行动延续着我们崇高的理想呢？

我有如下忧虑——

每一个被新教育点燃激情与理想的人，是否能够用行动将这激情与理想一直燃烧到自己教育生涯的终点？回想十年前，也有一批朱老师的追随者激情澎湃地摩拳擦掌，心中满怀“我们献身这壮丽的事业，无比幸福无上荣光”的豪情，可是如今他们安在哉？他们把新教育当成一次嘉年华的狂欢游行，游行结束后自然各自回家。同样，今天的欢呼者，会不会成为明天的旁观者，最后也销声匿迹呢？

我们会不会把“新教育实验”仅仅当做一个招牌来装潢学校门面，而并不打算认认真真去做？在这个浮躁的时代，几乎任何东西都具有商业价值，都可以用来“扯眼球”，新教育实验是不是也被人赋予了这种功能呢？这次我给朱老师汇报说，我校附近几所小学也开始做新教育了，朱老师只说了一句话：“要真做！”是的，“真做”二字道出了新教育人最本质的品格。我注意到这次大会发的手册中，并没有把成都武侯实验中学列入“实验学校”的名单，也许是大会的疏忽，也许是我校本来就手续不全，但我真的觉得无所谓。我对老师们说：比起我们实实在在地做，那个“名分”实在微不足道。

人们会不会把每年的新教育年会当做新教育本身，而忽略了新教育精神、理念和（我一直强调的）行动？那天晚上，志文在新教育理事会上有一句话震撼了我的心：“我们是否回访一下，看十年来举行过新教育年会的地方，现在是否都还在搞新教育实验？”志文当时还补充了一句说：“我每想到这个问题，就脊背发凉！”这个问题很尖锐，但绝非无的放矢，我突然想到，八百多所实验学校，是不是真的都在踏踏实实地坚持搞新教育？我可以肯定地说：绝对有些举办过新教育年会的学校是经不起回访，比如我曾经供职后来又离开了的成都盐道街中学外语学校。一年一度的新教育年会，集中了全国最优秀的新教育实验者，很容易形成一种“场”，更容易产生类似于张艺谋大片似的轰动效应，此情此景，很容易让人“不知不觉中，眼泪就掉了下来”，让人“泪流满面”。但是，切不要以为这就是新教育的全部。新教育真正的形态还在平时每一个学校的每一堂课上，在每一个老师的日常行为中。年会只是一次志同道合者的团聚，一次对自己的提醒，一次对曾经誓言的重温，重要的是团聚之后的各奔东西，提醒之后的重新鼓劲，誓言重温之后寂寞而平淡地继续前行！

新教育实验能够海纳百川吗？答案本应该不言而喻。朱老师就是一个具有博大胸襟的人。他昨天给我的信中还说：“新教育这个舞台，应该有各种角色。谁能够在这个舞台上面叱咤风云，谁能够真正成为叙事的主人，取决于谁的造化。我只是一个服务生而已。”就教育理念而言，所谓“新教育”之“新”，并不是前所未有的“横空出世”，而是返璞归真和与时俱进，也就是说，今天所进行的“新教育实验”，是让教育回到起点，将过去无数教育家所憧憬的教育理想变成现实。再说直接一些吧，新教育本来并没有什么新意，它不过是对古今中外一切教育大师思想精华的继承，以及今天背景下的中国化与当代化。这一特点决定它天然就是开放的，是包容的，是不拒细流因而百川归海的！因此，它不但应该吸纳并整合历史上所有先进的教育理念，而且也应该善待并借鉴当代中外的教育改革成果。比如，在“构筑理想课堂”的探索中，我们就不应该排斥或漠视包括杜郎口中学在内的所有课堂改革成果。新教育实验还应该向课堂挺进，向中学挺进，向理科挺进，不要老让人误以为新教育实验就是“小学语文教学”。我对干干、铁皮鼓、马玲等人的探索深表敬意，他们为新教育实验所作出的杰出贡献至今无人能比，更无人替代；但新教育还应该有更多的人，用朱老师的话来说，就是“应该有各种角色”，还应该有更多的课程，更多的项目。如果只有“毛虫与蝴蝶”课程，那么新教育这棵树不但是畸形的，而且也长不大。

一年一度的新教育年会会不会成为越来越令人瞠目结舌的“豪华攀比”？最近几年的新教育年会在客观上是有这种倾向的。给人的感觉是，没有一场气势磅礴的演出，就不叫新教育年会。最早是阵容强大的儿童经典诵读，到现在是用各种现代多媒体技术支撑的美轮美奂的演出，灯光、舞美、音响、布景、道具等等直逼“春晚”，让我在目眩的同时不由得担心：以后谁还敢承办年会？当我给朋友们说这担心的时候，有人开玩笑说：“明年没有问题，甚至可能比今年还豪华，因为鄂尔多斯有的是钱！”但后年呢？我一直认为，新教育实验应该是朴实无华的，是家常便饭的，即使是一年一度的欢聚，也不应该成为一次烧钱活动。这次在一所学校，我看到该校为一位优秀老师转化学生的日记制作的精美的小册子，薄薄几页，可成本之高让我难以想象。我想，如果这日记就是朴素的油印本，可能更让人感动。后来再一想，可能是为了这次大会，学校为了“效果”，便不计成本了。还有，我看到许多展示的学校，在布置环境、设计展板等方面真的是一流的豪华。有这个必要吗？无论是哪一台“主题展演”，还是各学校的师生展示，我明显能够感到，他们为了“这一天”“这一刻”，不知排练过多少次，不知流过多少汗（也许还有泪呢）！如此不惜血本，是不是已经远离了我们所热爱的新教育呢？

……

新教育应该有激情，但不能仅仅是激情。新教育应该超越激情，有更多的反思，以及反思后的行动。这个行动，是朴实无华的，而且持之以恒。节日般的狂欢固然也需要，但生活不可能天天过节。新教育的焰火在每年的年会那两天辉煌闪耀，但其生命的花朵则在另外的364天的常态中默默绽放，并散发出淡淡而长久的芬芳。

正视历史的进步

“仿佛历史倒退了！”——随着改革的深化，一些教育者在享受市场经济发展所带来的物质成果的同时，却为市场经济所带来的“思想混乱”而感到困惑与迷惘，感叹着。他们往往一往情深却又无可奈何地怀念五六十年代的德育，从而感到了一种深深的失落。但是，我们必须清醒（虽然这种“清醒”是以感情痛苦为代价）地认识到，道德是经济基础的反映，而不是脱离历史发展的抽象观念。正如我们以前的经济发展主观地超越了历史阶段一样，我们的精神建设也曾同样违背了历史发展规律而企图一步登天。随着社会主义市场经济的发展，历史在总体上否定旧的经济模式的同时，也宣判了与之适应的旧教育模式（包括德育模式）的死刑，并呼唤着新的教育模式的诞生。所谓“市场经济对学校德育的冲击”，迫使我们的德育不得不从“共产主义”的天上回到社会主义初级阶段的地面，这绝不是历史的倒退，而且历史重新回到了正轨，是真正的历史进步。

学校教育必须适应市场经济的发展，这已不是一个学术问题，而是迫在眉睫的客观要求。但这种“适应”并不意味着要把做生意的知识技巧传授给学生（虽然也应适当地向学生介绍一些市场经济常识），也不意味着我们的教育目的是把每一个学生培养成市场经济活动的直接经营者（虽然我们也应鼓励一部分学生将来勇于并善于经商），更不是说要把学生培养成唯“孔方兄”是图的拜金主义者（虽然也应让学生具有一定的经济头脑）。我们今天注重教育中的市场经济教育，主要是指要有意识地在德育内容中引入、充实一些商品意识和商业精神，使学生具有市场经济的思想观念。这种教育的目的，就学生个人而言，是提高他们将来踏入社会后的适应性和生存能力；就社会而言，是以崭新的精神观念去促进全社会的市场经济的蓬勃发展。

市场经济的发展将给我们学校德育带来哪些积极的新观念呢？具体说来有这些：价值观念、效益观念、竞争观念、信息观念、人才观念、创新意识、平等意识、守信意识、自立意识、破釜沉舟的冒险精神、愈挫愈勇的进取精神、机动灵活的应变能力、明察秋毫的预见能力以及人际关系处世艺术等等，这些都是我们传统德育所缺乏或比较薄弱的。因此，市场经济的发展，既是对传统德育的挑战，更是为德育的更新开创了广阔的天地。

现在我们一些教师比较忧虑的是市场经济给德育带来的一些消极影响。对此，我认为应注意三点：第一，要警惕对一些未必是“消极现象”的“忧虑”，可能是源于教育者自身的陈旧观念。比如，我以前教过的一位学生曾坦率地对我说：“李老师，您教我们时，常常以嘲笑讽刺的口吻批评那些买菜时讨价还价的人，并以自己不会讲价为荣。结果我在买菜时吃了不少亏。现在我也学会讨价还价了！”我显然不认为这位学生变成了斤斤计较的小市民，相反当年我的“自以为荣”倒是十分迂腐的。第二，针对市场经济条件下学生中出现的消极思想，我们应加强对学生的正面引导和教育。让学生明确，建立在生产资料公有制基础上的市场经济，是个人、集体、国家利益的完美统一，是谋求经济效益和讲究社会公德的统一，是眼前利益和长远利益的统一。因此，在增强商品意识的同时，又要自觉地抵制金钱至上、损人利己、极端个人主义等腐朽思想的侵蚀。第三，商品意识只是德育的一个内容，我们绝不是要用商品意识的培养来取代整个德育，所以，我们在注重市场经济教育的同时，还要加强包括集体主义、人道主义、爱国主义、共产主义在内的社会主义道德教育，使市场经济教育与德育的其他内容有机和谐地统一在一起，共同发挥积极的教育效益。

在市场经济的社会条件下有效地开展学校德育工作，取决于教育者自己的思想解放和观念更新。固然，历史不能一刀斩断，传统不能全盘否定。但今天我们需要的首先是在扬弃中发展，在继承中创新。可以预见，随着经济体制、政治体制改革的进一步向前发展，随着整个社会的不断前进，一些过去我们所提倡、所歌颂、所引以为自豪的思想、观念、意识将被打得粉碎，最终被历史抛弃。这没有什么值得惋惜的，因为这意味着历史的进步和精神文明的新生。如果我们感到痛苦和伤心的话，不妨听听马克思的劝告："无论古老世界崩溃的情景对我们个人的感情是怎样难受，但从历史的观点来看，我们有权同歌德一起高唱：既然痛苦是欢乐的源泉，那又何必因痛苦而伤心？"

学校应有“教育忌语”

“素质教育”绝不仅仅是纯技巧的教育改革。离开了对学生最起码的尊重，贴着任何美妙标签的“教育”都不过是“伪教育”。前几年，两市、五部和光明日报社共同推出的窗口行业50句“服务忌语”，使我想到了我们的教育。

的确，不文明语言的流行乃至盛行，已成为几乎人人深受其害的沉重的社会现实——甚至学校也未能幸免。当然，应该首先肯定的是，大多数教育工作者的教育语言是文明的。但是，确有一些教师在教育中语言粗俗，这不但伤害了学生的自尊心，影响了教育效果，而且无形中把不文明的语言传染给了学生。这些教育者忘记了夸美纽斯在《大教学论》中的忠告：“教师应经常把他们应该模仿的行为的榜样给予他们，应当把自己当做一个活生生的榜样。除非他能这样做，否则他的一切工作都将是白费。”只有文明才能培养出文明，而粗俗只能繁衍出更多的粗俗。既然窗口行业规定有“服务忌语”，那么，学校更应该有“教育忌语”——这既是对教育对象的尊重，也是为人师表的文明示范。虽然自古以来就被视为圣洁之地的学校，如今竟然需要专门提出“教育忌语”，这多少有些让人感到悲哀。

“教育忌语”从何而来？当然应该从学生的调查中来。

前不久，我在131名刚刚告别小学的初一新生中进行过一次问卷调查，调查的题目是：“你最不喜欢听老师说哪些话？”统计调查结果表明，来自教师的最令学生难堪伤心的话，有这样五类：一是直接辱骂学生，如：“不要脸！”“二流子！”“不是个东西！”二是对学生智力的贬低，如：“笨极了！”“木头人！”“脑袋里面是豆腐渣！”三是对学生讽刺挖苦，如：“吃错药了！”“二百加四十九，连二百五都不如！”四是对学生失去信心，如：“滚！你不要来上学了！”“无可救药！”“教牛教马都教会了，怎么就把你教不会呢！”五是对学生家长的侮辱，如：“你都这么笨，你爹妈不知有多么笨！”“没有家教！”“胎教太差！”等等。

写到这里，我的心禁不住又一次颤抖：为这些可爱而又可怜的孩子而感到难受，更为那些号称师表的“人民教师”而感到耻辱！

这些语言当然不可能是每一个教师都说过，但哪怕是极少数教师说过，这对学生心灵的伤害也有甚于体罚。在如此尖酸刻薄而且富有“创造性”的挖苦或声色俱厉的呵斥中，学生的尊严被撕破，学生的信心被击溃，取而代之的是自暴自弃与玩世不恭，同时，也产生着对他人的仇恨与报复心理。在这里，孩子们心目中老师的神圣形象已经轰然倒塌，教育失去了最基本的前提——互相尊重与信任。

正是为了防止这种可怕的现象在我所任教的班级发生，作为班主任，我根据对学生调查结果的分析统计，拟定出了“教育忌语50句”，以规范在我班任课教师的教育语言；我还将其印发给学生及其家长，以主动接受监督。实践已经证明，“教育忌语50句”的拟定，不但得到了其他老师的理解和学生及其家长的欢迎，而且很快便显示出多方面的教育意义。首先，不说“教育忌语”所体现出的不仅仅是教育者语言的礼貌，更重要的是对学生人格的尊重，而这种尊重换来的是学生对老师的由衷尊敬与爱戴，进而形成并巩固了教育所必需的师生情感基础。其次，以亲切和蔼、关心鼓励的语言取代“教育忌语”，有效地激发了学生的学习热情，增强了学生的学习信心：在如坐春风的教学气氛中，学生的心灵得以自由的舒展，他们的思维创造力获得了真正的解放。最后，把“教育忌语”印发给学生并让学生监督老师，这体现了教育者的服务意识与民主胸襟，而且这也是无声的教育——潜移默化地培养学生一种人与人之间人格平等、互相尊重的现代观念。

总之，“教育忌语”的拟定，体现了马卡连柯所概括的教育本质：“要尽可能地要求一个人，也要尽可能地尊重一个人。”

附：教育忌语50句

1.笨蛋！2.弱智儿！3.瘟猪！4.方脑壳！5.木头人！6.白痴！7.二百五！8.神经病！9.二流子！10.不是个东西！11.无可救药！12.四肢发达，头脑简单！13.给我滚出去！14.不读书就爬！15.狗改不了吃屎！16.老子今天要收拾一下你！17.二百加四十九，连二百五都不如！18.你懂个屁！19.不要脸！20.脸皮太厚！21.讨厌！22.你这个龟儿子！23.我从来没有教过你这么笨的人！24.你的脑袋里长了包块！25.你的智商太低！26.连这么简单的题都要来问我！27.怎么连这么简单的题都要错？真蠢！28.你的脑袋里装的是豆腐渣！29.去，听不懂算了！30.你也只有这个水平！31.我没有你这样的学生！32.掐死了都掐不出一滴血来！33.你的记性被狗吃了吗？34.我看你这一辈子是没出息了！35.你长大了只有去要饭！36.以后扫大街都没有人要你！37.你是出窑的砖——定型了！38.没有家教！39.你都这么笨，你爹妈不知有多笨！40.半瓶子醋！41.没有比你更笨的了！42.你娘老子是怎么养的？43.胎教太差！44.没有教养的家伙！45.我一看你就不是个好人！46.简直是混蛋！47.你问我，我又问哪个呢？48.我看你不是这块料！49.教牛教马都教会了，怎么把你就教不会呢？50.吃错了药了！

取消虚假的职称论文

最近一位网友的来信谈到他的苦恼："李老师，我们县的教育科研部门最近下发通知，凡是评职称需要发表论文的，可自愿交500元钱，他们保证我们的论文能够发表。这把我难住了。交吧，花钱发表论文心里总是不舒服；不交吧，我明年就要评职称了，没有论文可是一票否决啊！而且上面还说了，这是领导为老师们办的一件实事，是好事。他们用这笔钱帮我们去疏通有关杂志，买刊号，出《增刊》。李老师，你说我该怎么办？"

说实话，我无法回复这位信任我的老师，因为他的问题把我也难住了。

这叫不叫"论文作假"呢？好像不是，因为老师们交上的论文都是自己写的，而非抄袭；但是，通过花钱买版面或者出《增刊》的方式发表论文，只要交500元钱，不管质量如何，论文都能发表，这样的论文有多少学术价值呢？没有学术价值的论文还能叫“真论文”吗？

我不知道“有关教育科研部门”是怎样想出这个办法的，我只知道，如此举措出自教育科研部门，这样的部门“科研精神”何在？《增刊》出版了，老师们的论文都集中发表了，可这《增刊》谁看？这是一种怎样的浪费？

还有，每人交500元，这个金额是如何核算出来的？全县有多少老师交钱？这钱交上去都用于买刊号吗？会不会有人从中捞取好处？这是不是另一种腐败？

在我看来，完全是一种腐败！利用手中的权力，让老师们不得不“自愿”交钱，然后打着为老师们“办实事”“做好事”的幌子从中渔利。这不是另一种腐败是什么？

我之所以在“腐败”前面加了“另一种”的定语，是想区别于通常说的腐败——暗箱操作的腐败，见不得人的腐败。而我今天说的腐败，是公开的腐败——由相关机构下发通知，明码实价地让老师们交钱，每一个交钱的老师都是“自愿”的。我姑且把这种腐败叫做“阳光下的腐败”。

但是，我不愿意过多地从道德上追究有关“教育科研部门”领导的个人道德素质；我想弄清楚的是，为什么这样的“腐败”能够得逞？为什么老师们愿意如此“自愿”地被宰？为什么这样的举措能够堂而皇之地推出并且实施？

腐败者借助的是什么“合法外衣”？

关键还是职称评定制度本身的缺陷，为腐败者提供了腐败的机会和可能。我不知道是否有这样的明文规定，即中小学教师评定职称一定要有公开发表的论文；但我知道的是，在许多地方，这至少是一条不成文但一直遵循的“铁律”：如果没有公开发表的论文（有的地方还要求是某级别或所谓“核心刊物”发表的论文），就不可能通过职称评定。公开发表的论文，是评职称的首要的前提；没有论文，其他免谈——所谓“一票否定”。

也许这个“一票否定”的初衷是想引导老师们结合自己的实践，随时总结随时提炼，养成思考和写作的习惯，做科研型的教师。但是，这种想法完全脱离目前中国的实际，尤其脱离目前广大中小学教师的实际。与美好的初衷相反，有了这么个“一票否定”，抄袭论文出现了，杂志的“版面费”出现了，大学学报的刊号可以买了，有关部门可以公开向老师们收“论文发表费”了……一系列作假和腐败应运而生。

与大学教授和教育科研机构的研究人员不同，中小学教师的主要任务是把课上好，把班带好，把学生教好，因此对他们来说，在实践中运用教育理论是常态，是本分。那么，判断一个中学老师或小学老师是否称职，就只能看他的课上得怎样，班带得怎样，他的学生发展得怎样，而不是他写了多少“论文”；同样，判定一个老师能否评上中级教师、高级教师，主要还是应该看前面所说的本分工作做得怎样。如果中小学教师不把主要精力放在教好每天面对的学生，而是一门心思琢磨如何在“核心刊物”上发表“论文”，这样的老师我看是不合格，遑论“中级”“高级”？

这么说来，是不是意味着我反对中小学教师搞科研、写论文呢？当然不是。

只是应该明确，中小学教师的科研更多的是面对课堂面对班级面对学生的问题研究，也就是说，把自己所遇到的每一个“难题”都当“课题”来研究，这就是最好的教育科研！而研究的成果，当然可以是论文——对一线老师来说，与其写“论文”，不如写教育随笔、教育故事、教育案例……但如果没有论文，还可以是这样呈现成果的——经过研究和探索实践，所上的课孩子们更喜欢了，所教的学科质量提升了，所带的班有了显著的转变，所教的学生也发生了积极的变化，这一切都是远比论文更真实也更有说服力的教育科研成果！

十多年前，我撰文呼吁取消中小学教师职称评定中的论文“一票否决”。现在，我依然坚持我的观点：教师评职称，主要应该看实绩，而不是论文；即使要看论文，也只能是“在同等条件下有论文者优先”。为此我再次呼吁，取消“论文一票否决”的做法，根除论文写作的作弊行为和论文发表以及评比中的种种腐败现象。

也许比起社会上种种作假与腐败行为，尤其是相对于官场腐败，中小学论文作假似乎算不了什么。但是，我们是中小学教师，担负着对孩子人格启蒙的责任。这份职业责任，每一秒钟都在拷问着我们的道德良知。

道德教育的三个层次

在很长一段时间里，“毫不利己，专门利人”是我们的社会大力宣扬的一种高尚精神。可现在，它不但被冷落了，而且受到了许多质疑：“人的本性是自私的，哪里去找什么‘毫不利己’的人？”“根本没有的东西，却要提倡还要对学生进行教育，是虚伪，是典型的伪圣化！”“市场经济是自私者的经济，都‘毫不利己’了怎能发展经济？”等等。

人是否生来就是“自私”的？要回答这个问题，必须廓清两个概念：“生命本性”和“道德本质”。前者是指人作为自然生物天然具备的生理性本能，后者是指人作为社会分子自觉操持的行为规范。人就其天性来说，的确具有趋利避害的生理本能与基本的生理需求，这与通过侵占或剥夺他人利益来满足自己利益的“自私”是不同的。比如有人说：“哪有毫不利己的人？难道他真的一点个人利益都没有吗？难道他不吃饭不穿衣吗？”这是概念上的混淆。在对人的善恶判断上，我们应该将趋利避害的求生本能与利他的道德追求区别开来。二者不可混为一谈。当然，这两者也不是没有联系。一般来说，只有满足了基本的生存需要，人才能有更高（亦更道德）的价值追求。马斯洛学说的意义正在这里。但在某种情况下，即使没有满足基本的生存，有些人（注意，不是所有人）也会坚持纯粹的精神追求——所谓“穷且益坚，不坠青云之志”是也。

中国早期启蒙学者李贽讲“人必有私”，法国启蒙学者讲人的“自爱”，都是同一个意思，即人都有避苦求乐、趋利避害的生物本能。但“有私”不等于“自私自利”，“自爱”不等于“自私自利的爱”，这是不同的概念。注重概念辨析的法国启蒙学者对此作了明确的区分：“自爱”是人的自我保护的天然本能，无所谓善恶；“自私自利的爱”是强迫他人服从自己的意志，是“自爱的堕落”。前者是“合理的利己”，应该肯定；后者是损人的利己，应该排斥（参见许苏民《人文精神论》）。因此，以人的本能来断定人都是生来自私的，是不妥的。“自私”作为一种道德，属于社会意识范畴，显然不是天生的。一个人是否自私只有放在具体的社会环境中考察，不可抽象地判断其是否“自私”。

道德是调节人与人之间的利益关系的行为规范。但道德的本质或者说道德的目的是利己还是利他、是功利性的还是超功利性的，历来都有争论。

从人都具有趋利避害的本能这一点出发，不少哲学家认为道德的本质（目的）是利己的，他们主张以利他的方式来利己，提倡“合理的利己主义”。古希腊哲学家苏格拉底说，有理性的人会看到，做坏事必然会对自己不利，就像酗酒必然导致头疼一样；因此，有理性的人会自愿结合起来，制定法律来约束自己，按相互的道德规律去生活，才能获得自己的最大利益。亚里士多德说：“人人都爱自己，而自爱出于天赋，并不是偶发的冲动（人们对于自己的所有物感受爱好和快感，实际上是自爱的延伸）。自私固然应该受到谴责，但所谴责的不是自爱的本性，而是那超过限度的私意。”在中国，孔子的“已欲立而立人，已欲达而达人”，也明显带有以利他方式来利己的意味：通过“立人”来“立己”，通过“达人”来“达己”。

但是，人类社会各个历史阶段，也确实有义无反顾、不计私利、充满着崇高的自我牺牲精神的人。所以，不少思想家以此立论，认为道德的本质（目的）是利他的，是超越于任何个人利害计虑的。孟子在承认人有趋利避害本能（“知命者不立于岩墙之下”）的前提下，又认为人有利他的本性。他说“人皆有不忍人之心者”，并举例：“今人乍见孺子将入于井，皆有怵惕恻隐之心，非所以内交于孺子之父母也，非所以要誉于乡党朋友也，非恶其声而然也。”意思是说，一个人看到小孩掉到井里去了，就自然地产生惊恐同情的心情，想马上到井里去救孩子，这绝不是为了和小孩的父母攀交情，也不是为了在乡里朋友中间博得赞扬，更不是因为感到那孩子惊恐的声音难听才想那样去做。尽管严格说起来，这里孟子所说的“不忍之心”还属于人的自然性而非社会性即道德，但他认为人确实有超越功利的利他，则是符合事实的。康德讲道德的本质是利他，更为彻底，他强调人是目的，而不是工具，任何人在任何时候都不应把人当做达到任何目的的工具。

不过，即使是强调道德的本质是利己，也可以导致“公众的快乐主义”伦理观，即功利主义伦理观——不把个人的快乐当做最高的善，而把社会公众的快乐视为最高的善。比如19世纪英国功利主义伦理学家边沁就认为，产生大的快乐的行为就是善行，但与个人的最大幸福相比，多数人的最大幸福才是最大的快乐，所以最大多数人的幸福才是最高的善。边沁强调自己快乐与他人快乐的一致性，这是对的；但他没有考虑到自己的快乐与他人的快乐也有不一致的时候。如果出现这种情况怎么办？他没有回答。而这种情况，正是考验一个人是“通过利他来利己”呢还是“为利他而利他”的“试金石”。

同时，强调道德的目的是利他，既可以导致以功利性的道德也可以导致超功利性的道德。前者如最富于利他精神的中国墨家，墨家崇拜的圣人是为治水“三过家门而不入”的大禹，墨子主张“贵义”、“尚利”，但在他那里“义”、“利”乃是同一物：“义者，利也。”他认为志士仁人是不谋任何私利、公而忘私、国而忘家的，因为最大的“利”乃是“国家百姓人民之利”（同时也是最大的“义”）。后者如康德，他说：“有两种事物我们越思索它就越感到敬畏，那是天上的星空和心中的道德律。”他认为道德律令是来自宇宙的绝对命令，因而是超越个人的任何功利目的之上的。

可见，“利他”的道德无论在理论上还是实践上，古今中外都存在着。

反对“毫不利己，专门利人”的朋友，有个很“雄辩”的理由：“那些‘毫不利己，专门利人’的人，在利他中得到了极大的精神满足，所以，他们也是在‘利己’，这是一种精神上的‘自私’。”这种是一种看似深刻实则幼稚的认识。

这种看法首先偷换了概念。在中国文化中，从古到今，“利”都有其约定俗成的特定含义，它与“义”相对，特指“物质利益”。比如《论语》中说：“见利思义，见危授命。”“君子喻于义，小人喻于利。”比如《孟子》中说：“王亦曰仁义而已矣，何必曰利。”又比如我们今天还在用的“见利忘义”、“利欲熏心”等成语，无不说明，“利”的“物质”含义。所谓“满足精神需求”也是“利己”的说法是难以服人的。有人也许会说：“我们现在批评某人‘利欲熏心’也包括他争‘先进’争

‘荣誉’，这里的‘利’不就是一种‘精神满足的追求’吗？”错了！这样的人“争名”是为了“夺利”，而这里的“利”绝不是那张荣誉证书，而是各种实惠的物质待遇。我认为，只有在一种情况下，“利”和“义”完全同一，那就是墨家所说的“国家百姓人民之利”，即把争取国家人民之“利”当做最大的“义”——而这个意义上的“利”虽然带有高尚的精神追求，但与我们一般所说的“利他”“利己”之“利”在内涵上已经发生了质的变化。

还有一种在伦理学说史上屡见不鲜的观点，即“合理的利己主义”，这种学说认为，明智的人会选择利他的方式来利己，利他的目的归根到底还是为了利己。这是绕着弯子来证明道德的本质是利己，而现实生活中确实普遍存在着这种现象：“感情投资”、“投桃报李”、“吃小亏占大便宜”等等。如果这种“处世智慧”纯属个人之间的交往，应该说无可厚非，不过虽然算不上是恶，也绝对谈不上是善——因为这种利他是出于利己的动机，只是比一般老实人赤裸裸的利己多了一份机巧而已；但如果因此而危害社会和国家的利益——比如现在腐败中的行贿受贿者们，那绝对就是恶！

我坚持认为，道德的最高境界是不带有利己之心、对一切人一视同仁的“利他”。当然，认为道德的最高境界是不带利己之心的“利他”，并不意味着主张每一个人都毫不利己。每一个人都尽可以维护其合理的私人利益和个人权益，但这属于不善不恶的范畴。我再说一遍，道德属于人的社会性而非生物性，在这个意义上甚至可以说，人之为人正以道德为标志——正是在这点上，毛泽东称“毫不利己，专门利人”的白求恩是一个“纯粹的人”。因此，哪怕是合理的利他，尽管不算恶，但也不是道德的本质——因为动物为了生存也会“利他”。“在道德上，真正使人从狭义动物界中超拔出来而显示人之为人的特性的，乃是不带利己之心、对一切人一视同仁的利他道德。”（许苏民《人文精神论》）这种对己对他都超功利的态度，之所以是道德的，首先是因为这是把每一个人本身都看作是目的而非工具，不考虑任何利害关系、不带任何势利眼光地尊重每一个人，不把人看作实现某种功利目的（即使是非常崇高的目的）的手段！

上面在论述时，我交叉使用了“道德的最高境界”和“道德的本质”这两个概念，从某种意义上说，二者是统一的，只是侧重点不同。“道德的最高境界”是就道德的层次而言；“道德的本质”是就人的社会性而言。之所以要指出这一点，是因为我想说明，我们向往或追求“毫不利己”的最高境界以在最大程度上完成人的实现，并不意味着这是我们所允许的唯一道德空间，也就是说，我们提倡“毫不利己”的精神同时，也要注意道德教育的层次性。

道德教育至少有三个层次：最低要求是有的朋友所说的“底线教育”，我理解就是不能损人利己。再上一层是公共道德（或曰全民道德），即绝大多数人应该做到也能够做到的，比如“先公后私”。最高层次当然就是“毫不利己，专门利人”，这虽然不可能成为多数人的实际行为，但应该成为人类的一种追求。

目前市场经济普遍存在的当然是基本道德（职业道德、社会公德等等），但市场经济的社会（注意：不是“市场经济”而是市场经济的“社会”）是否排斥“利他”行为呢？我认为不是。一方面，市场经济的健康运行，既需要“经济”这只看不见的手，也需要“道德”这只看不见的手。

是的，在经济活动中，如果还用社会生活领域中的“大公无私”原则去调节的话，肯定会破坏市场经济的秩序，茅于轼先生在其《中国人的道德前景》中谈到经济活动中的交易谈判时说：“以自私为目的的谈判具有双方同意的均衡点，而以利他为目的的谈判则不存在能使双方都同意的均衡点。”这是“在商言商”，这也是一种道德规范。道德作为规范和调节人与人之间关系的准则，是任何经济体制下都必须的，而这里的道德就包括了不同层次的要求。另一方面，市场经济社会的生活，并不只是经济活动，还有其他活动，而其他活动并不都能以经济原则行事。茅于轼先生通过对《镜花缘》里的君子国、学雷锋义务免费修理、甲乙两人分苹果等例证的分析，指出“先人后己”和“毫不利己，专门利人”一类要求包含着逻辑上的矛盾，不可能成为真正得以实施的处理人际关系的原则。如果仅仅就社会生活中的经济交往而言，这一分析无疑是深刻。因为市场经济就是通过市场这只看不见的手去驱动创获物质财富的活动，通过价值规律的刺激，使参与市场竞争主体的利益趋于最大化。在这一活动中，如果还用社会生活领域中的“大公无私”原则去调节的话，肯定会破坏市场经济的秩序，产生种种令人啼笑皆非的事。正如《镜花缘》里君子国的悖论一样，因为双方都“大公无私”而使交换难以进行，生意成本增加，最后不得不由第三者来了断。但是，茅于轼先生说：“我们常常错误地认为，如果关心别人的利益胜过关心自己的利益，争论就不会发生，其实，若人皆从别人的利益为行为的出发点，得到的也不是一个和谐的社会。”此话欠妥，“人皆从别人的利益为行为的出发点”是否“得到的也不是一个和谐的社会”，这不可简单地一概而论。就市场经济运行而言，的确如此；但人与人的交往绝不仅仅是经济交往，还有精神追求。正如茅于轼自己所说：“任何物质享受都有一个饱和点，越过了这一点非但不是享受反而成了累赘；精神享受却不存在饱和点，相反你越是追求它，它越会引你进入更高的层次，获得过去没有体会过的满足。”（《中国人的道德前景》）

人类社会的推进，绝不仅仅是经济的发展和物质的追求，从根本上说，精神才是人的目的。如果为了发展经济而放弃了美好精神的追求，人人都“毫不利人，专门利己”，个个都见利忘义，人类的前景很难说是光明灿烂的！

但是，如果以一种道德——哪怕是最崇高的道德来规范社会全体成员，也是可怕的。我们确实经历过这样可怕的时代。靠着强大的国家行政力量，将与人类最高阶段共产主义社会相适应的理想道德，作为对全体公民的普遍要求，要求人人都是“白求恩”，人人都是“雷锋”，尽管表面上确实也营造了似乎很温馨美好的社会风尚，但也有意无意地否定了公民正当的个人利益和个性发展，甚至导致了相当专制的道德霸权主义和十分虚假的精神伪圣！特别可怕的是，如果有人——比如胡长清、成克杰之流，自己极端损公利己，却要求别人“毫不利己，专门利人”，这样，无论多么崇高的道德都成了愚弄人民的工具！

正是基于对过去沉重历史教训的吸取，我们党和国家现在所进行的道德建设体现出了鲜明的时代性和层次性。所谓“时代性”就是面对社会主义初级阶段的实际而提出符合当代特点的要求，所谓“层次性”就是对不同层次的人提出不同的道德追求的梯度。国家去年颁布的《公民道德建设实施纲要》中对全体公民提出的“爱国守法、明礼诚信、团结友善、勤俭自强、敬业奉献”的基本道德规范就体现了时代性与层次性的统一。在这二十个字中，为人民服务和集体主义处于最高层次，爱祖国、爱人民、爱劳动、爱科学、爱社会主义为中间层次，社会公德、职业道德、家庭美德则是最低层次。这种立足现实而又富有弹性的道德规范，体现了中国道德建设的进步。

但是，这绝不意味着今天提倡“毫不利己，专门利人”就没有任何意义了。我认为，重提“毫不利己，专门利人”，至少对两类人有着特别重要的意义。

第一类是中国共产党的全体党员。如果说“毫不利己，专门利人”不能作为对广大群众的普遍要求的话，那么，全体中国共产党党员则必须将它作为自己自觉追求的道德境界。道理很简单，《中国共产党章程》明确指出：“中国共产党党员是中国工人阶级的有共产主义觉悟的先锋战士。”“中国共产党党员必须全心全意为人民服务，不惜牺牲个人的一切，为实现共产主义奋斗终生。”“除了法律和政策规定范围内的个人利益和工作职权以外，所有共产党员都不得谋求任何私利和特权。”而且每一个党员在入党时都面对党旗举起了右手，对党也对人民作出了庄严的承诺：“为共产主义奋斗终生，随时准备为党和人民牺牲一切！”既然如此，群众就有理由以同是共产党员的白求恩、雷锋来打量身边的每一个党员，看你是否“毫不利己，专门利人”。要求党员“毫不利己，专门利人”并非否定党员个人的基本生活需求和正当的权益（即党章所说的“法律和政策规定范围内的个人利益和工作职权”），但是，作为一个道德要求，每一个共产党员，面对白求恩精神，面对雷锋精神，是没有任何理由说“党员也是人”并以此拒绝追求崇高！不能对全体人民提出的道德要求，却理所当然地必须对共产主义者提出！谁叫你是“特殊材料制成的”“有共产主义觉悟的先锋战士”呢？本来，对于每一位共产党员来说，他们不仅应践行低层次和中间层次的道德要求，而且应该践行高层次的道德要求，从而给其他公民树立良好的道德示范和提供榜样激励。这应该是一个常识。现在的问题是，恰恰有一些党员把自己混同于一般老百姓——甚至连老百姓都不如，还在那里反对“毫不利己，专门利人”，觉得压抑自己个性，侵犯了自己的权利——岂非咄咄怪事！如果仅仅是遵守职业道德，那党员和群众在道德上还有什么区别？要我不客气地说，这样的党员，当初就不该入党！如果现在觉得“毫不利己，专门利人”的道德要求对自己太高了，我看最好的办法是退党！否则，作为人民中优秀分子的共产党员，不但起不到应有的道德示范作用，反而有损共产党员的形象。“毫不利己，专门利人”现在之所以有不少人不相信，与这样的党员是分不开的。现在大家都在谈中国社会的诚信危机，我以为最大的危机，是某些共产党员抛弃入党誓词的政治信仰危机和道德信仰危机。这才是最大的不诚信！在这种情况下，理直气壮而又大张旗鼓地在党员中宣传“毫不利己，专门利人”的精神，不是十分必要而且非常迫切的吗？

第二类是我们的学生。是的，学生也是普通公民，我们不能强行以共产主义理想去要求他们必须做“毫不利己，专门利人”的共产主义战士，而仍然主要应该把公民道德作为学生道德教育的内容。但是，孩子们代表着民族的明天，我们的教育既要面对现实也应超越现实，所谓“教育要面向未来”，也包括面向未来的理想社会和理想道德。而且，不同学生的精神追求和发展也绝不是整齐划一的。从整体上说，他们的人格指向有着无限多的可能性，作为教育者应该给我们的学生提供丰富多彩的精神选择。现在我们的道德教育有两个偏差：一是低俗化，即完全抛弃高尚的道德追求，而赤裸裸地对学生进行所谓“与市场经济接轨”的“务实教育”，一切都以金钱作为“利益刺激”的动力，其结果是让学生最终成为极端自私自利的“经济动物”；二是伪圣化，这里所说的“伪圣化”还不仅仅是指教育者对学生的成心欺骗，而是教育者在进行高尚道德教育时，用功利性的方式去鼓励学生行善，结果适得其反——最典型的例子就是做好事加多少“操行分”，于是，利他的行为成了利己的手段，“毫不利己，专门利人”的教育走向了其反面，道德教育的虚伪由此产生！我们一定要避免这两种偏差。既教育学生要尊重并运用法律维护自己正当的个人利益和权利，又鼓励学生为自己的精神追求树立一个崇高的目标；既训练学生成为遵纪守法的合格公民，又引导他们努力成为“一个高尚的人，一个纯粹的人，一个脱离了低级趣味的人，一个有益于人民的人”！教育学生真诚地“让人们因我的存在而感到幸福”——这是我们的教育能够做到的，也是我们的教育应该做到的。

在利己与利他的关系上，至少有这样五种行为：一是损人利己，二是利己不损人，三是利己利人同时兼顾，四是“客观为别人，主观为自己”，五是“毫不利己，专门利人”。我认为，就整个社会和全体公民而言，除了第一种该谴责外，其余都应允许存在。但是，作为代表“最广大人们群众利益”和“先进文化前进方向”的中国共产党及其党员，作为面向人类明天至善境界的教育，“毫不利己，专门利人”应该是一支永远熊熊燃烧的精神火炬！

PART6

第六辑　教育需要阅读

如果就生物学本身的角度而言，人和动物是没有区别的；但“人是一支会思想的芦苇”，于是人便成了自然界“万物之灵长”。人之为人在于“精神”，而通过阅读，我们可以尽可能完整而完美地建构无愧于作为一个“人”所应有的精神世界。

与书为友

严格地说，我并不具备当一名好老师的先天条件，但我似乎天生就有阅读的习惯。从教19年来，正是这个良好的习惯逐步增强了我做一名合格语文老师的素质。

我最早接触的书当然大多是文学作品。所以一踏上讲台，“文学”便成了我奉献给学生最初的礼物。刚工作的第一周，我特意“挤”出一节语文课给学生们读王蒙的长篇小说《青春万岁》。从那以后，我坚持每学期给学生读一部长篇名著：《爱的教育》、《钢铁是怎样炼成的》、《烈火金刚》、《红岩》、《青春之歌》、《平凡的世界》、《悲惨世界》……当初，我显然没有像现在这样明确意识到课外文学作品对语文教学的意义，只是自然而然地把我个人的文学爱好迁移到了语文课上，并“传染”给了学生；但我的历届学生每每回忆起他们的中学时代，往往会提起我为他们朗读文学作品时那令人心潮澎湃、回肠荡气的时光。我可以自豪地说，凡是在我班度过中学时光的学生，除了学习语文教材上的课文外，几年之中，他们还通过我接触了大量的中外文学名著或当代最鲜活的人文书籍。就这样，从课内到课外，我给学生打开了一扇又一扇文学的窗口、文明的窗口、文化的窗口，本来容量有限的语文课在他们眼前变成了一片辽阔而绚丽的世界！

19年前，我在语文课上打开《青春万岁》第一页开始给学生朗读时，我远没想到这么多的“意义”；然而，我当初已经明显地感到，学生不但喜欢上我的语文课，而且他们中的相当一部分人也像我一样爱上了文学。

当然，如果仅仅凭对文学的兴趣是不可能成为一个优秀的语文教师的。语文教育既然是一项事业，它就还必须靠科学的理论来指导。写到这里，我不得不再次提到三位杰出教育家的名字：陶行知、苏霍姆林斯基、叶圣陶。

对这三位教育家，我以前是不甚了解的。在大学，我对陶行知和叶圣陶仅仅是知道他们的名字；而对苏霍姆林斯基，则闻所未闻。当我有了一定教育实践体会后，读到他们的著作，很容易被教育家的激情与思想打动。我首先是被三位教育论著的行文风格和语言特色所吸引。无论是中国的陶行知、叶圣陶还是苏联的苏霍姆林斯基，他们的语言朴素亲切，而又不乏文学性。总之，他们的书“好懂”——在读了许多枯燥、晦涩的教育理论著作之后，读到他们的著作，真是说不出的亲切，大有相见恨晚之感。可以说，这三位教育家是我教育事业真正的启蒙者——我从陶行知著作中读了“真教育”三个字。“真教育是心心相印的活动。唯独从心里发出来的，才能打到心的深处。”他的“生活即教育”、“社会即学校”、“教学做合一”、“教人求真”、“学做真人”、“解放儿童的创造力”等等教育思想与实践都是“真教育”这棵根深叶茂的大树上结出的硕果。这些精辟的观点直接影响了我的语文教育改革。

在苏霍姆林斯基博大精深的教育思想体系中，闪耀着一个大写的“人”字。以前我教育的视点更多的只是停留在教学的某些具体环节上；而现在，苏霍姆林斯基这位30年代就投身共产主义事业的老布尔什维克却告诉我：“教育，这首先是人学！”我开始自觉地从人性的角度来审视我的学生和我的教育。

叶圣陶先生给我最深刻的教诲是：“教是为了达到不需要教。”这是叶圣陶语文教育思想的精髓。这一思想精髓过去、现在和今后都将影响着我的语文教育实践。完全可以这样说，我语文教改的每一粒萌芽无不滋润着来自叶老语文教育思想的养料。

无论是80年代中期的“以思维训练为中心，以口语训练为突破口，促进听说读写能力的全面提高”，还是90年代初期的“变应试语文为生活语文”，一直到最近的“语文教育中人文精神的培养”，近20年来，在我走过的教育探索的路上，始终沐浴着三位教育家“民主、科学、个性”的思想光芒。虽然三位教育家的著作中从未出现过“素质教育”四个字，但在我的心目中，他们堪称素质教育的先知先觉者和先行者！

随着阅读面的扩大，我的视野也在扩大。前不久，我写了一组读书随笔：《从谭嗣同到胡耀邦》、《面对张志新同志的遗像》、《郭小川的悲剧》……不少朋友读了以后感到不解：“你教语文的，想那么多干啥？”我回答：“我认为，教语文不能就语文论语文，要从教育的高度看语文；搞教育不能就教育谈教育，要从社会的高度看教育。”他们问我是什么时候开始有这种“想法”的，我说：“是80年代中期。”

我至今怀念80年代那“万类霜天竞自由”的人文学术氛围。正是那样一个宽松的氛围中，我读了大量的人文学术著作：《宽容》《异端的权利》《自我实现的人》《中国思想史论》《文化的冲突与抉择》《第三次浪潮》《六大观念：真、善、美、自由、平等、正义》《民主和专制的社会起源》《尼采：在世纪的转折点上》《心灵的探寻》等等。这些著作的观点我不一定都能理解，或者即使理解了也不一定都赞同，但这些著作不仅开阔了我的思想视野，更主要的是，它们让我越来越明确地意识到自己的身份："我是一名知识分子！"从那时候，我就提醒自己，尽管我也许一辈子都只是一名普通的语文教师，但这不妨碍我在三尺讲台上通过语文教育传播人类文化精华，以行使一个知识分子推动社会进步的神圣使命。

再后来，我又读《顾准选集》，读《遇罗克：回忆与怀念》，读《风雨中的雕像》，读《殉道者》，读李锐，读于光远，读邵燕祥，读余秋雨，读王小波，读徐友渔……这些阅读不但赋予我独立思考的信念，而且让我从历史和文化的角度俯瞰语文教育。我越来越不愿意把自己当做文章学、修辞学、语言学、考试学的分析家甚至只是教材与教参的熟练操作者，而首先是文明的传播者、思想的启迪者、人生的导航者。这些阅读对语文教学并非没有关联，相反它能直接让语文课变得丰满而更有深度。比如《城市季风》会使我从京派文化和海派文化的角度理解中学语文教材中老舍、郁达夫、夏衍、巴金乃至叶圣陶、朱自清等人的作品；《东方诗魂——屈原与中国传统文化》使我能够比较准确地把握《涉江》中体现出来的屈原个性和屈原精神；而《青楼文学与中国文化》则让我更加全面而深刻地认识白居易《琵琶行》中的情绪蕴含和人生哲理……

1998年5月，我在天津上了一堂公开课《在马克思墓前的讲话》。我不但引导学生理解课文本身，还结合课文内容和时代发展给他们讲马克思主义的发展史和当代中国社会主义运动的生命力，给他们推荐《马克思的青年时代》《回忆马克思恩格斯》《马克思秘史》《马克思的自白》等书。课后许多老师评价我这堂课知识丰富、视野开阔，有着思想的激情和情感的火焰。有一位老师问我备这篇课文花了多少时间，我说：“花了16年。”

当时，我想到了苏霍姆林斯基在《给教师的一百条建议》中讲的一件事：一个在学校工作了三十三年的历史教师上了一堂非常出色的观摩课，邻校的一位教师问他：“你的每一句话都具有巨大的思想威力。请问，你花了多少时间来准备这堂课？可能不止一小时吧？”那位教师回答说：“这节课我准备了一辈子，而且，一般地说，每堂课我都准备了一辈子。但是，直接针对这个课题的准备，则花了约十五分钟。”苏霍姆林斯基评论说，这一回答稍稍打开了教学技艺的一项奥秘，这种“一辈子”的准备，就是“阅读”。

是的，阅读，不停地阅读，这应该是每位语文教师乃至所有教师教育生命的体现方式。

现在，我暂时脱离了中学教学，而来到了苏州大学攻读教育哲学博士。有人对此不解：“你怎么想到还要去读博士呢？难道你不想做教师了吗？”我说：“不，恰恰相反——我想有更集中的时间多读些书，因为我还要做教师。”

别冷落了经典

一位朋友开了一家教育书店，最近我问他什么书最好卖，他说新课程的书最好卖；我又问教育经典书籍卖得咋样，他摇头说："差远了。"我想到我曾经给一些青年老师推荐教育名著，他们往往说："教育经典恐怕很难读懂吧？尤其是外国教育名著。再说了，现在什么时代了？那些过时的东西能解决今天的新课程改革中遇到的问题吗？"

这可能正是造成教育经典被冷落的重要原因之一吧？而我要说，这种看法实在是对教育经典名著的一种严重误解。

教育经典名著真的"难以读懂"？如果比起当今一些喜欢玩弄时髦术语、晦涩理论的伪学术著作，那么真正的教育经典名著真是平易近人。请打开孔子的《论语》，夹叙夹议，而又穿插着孔子与弟子之间生动的对话；请打开卢梭的《爱弥儿》，作者把自己描写成一个教师，把爱弥儿描写为理想的学生，叙述了爱弥儿从出生到20岁成长和受教育的全过程，从中阐述了作者"自然教育"的思想；请打开马卡连柯的《教育诗》，在一个个有血有肉、栩栩如生的人物形象中，在一个个跌宕起伏、曲折动人的故事里，蕴含着教育家的教育思想、教育机智、教育技巧、教育情感……

请打开苏霍姆林斯基的《育人三部曲》，听他一边讲述故事，一边抒发感情，一边阐述理念，真是一种享受；更不用说中国现代著名教育家陶行知了，他的教育著作也深入浅出，用老百姓的语言谈论深刻的教育道理，他还用诗歌甚至儿歌来表达他对教育的理解。经典之所以是经典，不是因为深奥而是因为深刻，而这“深刻”又往往是通过非常朴素的形式表达出来的。

教育经典名著“过时”了吗？不，如果“过时”了就不叫“经典”；“经典”之所以称之为“经典”，就在于它所包含的精神理念具有超越时空的生命力。教育学既有科学的属性，更有人文的品质，而人文产品则绝对是历久弥新。如同贝多芬、雨果、曹雪芹、鲁迅、达·芬奇、罗丹不会过时一样，夸美纽斯、洛克、杜威、皮亚杰、阿莫拉什维利、陈鹤琴、晏阳初……同样永远不会过时！

是的，今天的中国基础教育发展已经进入新课程改革阶段，是有不少新的课题需要我们去研究和探索，老祖宗的著作里也没有解决今天我们遇到的所有难题的答案，因此，我们的教育理论也需要创新，过去一些经典理论也需要充实、发展或修正。但是，在根本问题上，应该说，古今中外教育家所面临的主题是共同而永恒的，这就是“人的解放”以及由此而来的对教育的人性、个性、创造性以及师生关系、学校与社会、教育与生活等一系列根本问题的思考与探索。正是从这个意义上，我可以大胆地说，从不少教育经典著作中，我们甚至可以读到今天所提倡的新课程理念——

比如，“如果想使学生发生兴趣，我们就应用心使方法合口味，务使一切事物，无论如何正经，都可以亲切地、诱人地放到他们跟前；比如用对话的形式，即诱导学生争相答复。”（夸美纽斯《大教学论》）比如，“儿童也是爱表示自己是自由的，他们喜欢人家知道他们的良好举动，是他们自己做出来的，希望人家知道他们是绝对独立的，在这种地方他们和最自尊的成人没有分别。”（洛克《教育漫话》）比如，“学校的学习不是毫无热情地把知识从一个头脑装进另一个头脑，而是师生之间每时每刻都在进行的心灵的接触。”(苏霍姆林斯基《给教师的建议》)比如，“我们最注重师生接近，人格要互相感化，习惯要互相锻炼。人只晓得先生感化学生锻炼学生，而不知学生彼此感化锻炼和感化锻炼先生力量之大。”（陶行知《陶行知教育文集》）……《论语》中一句“因材施教”不是蕴含着今天我们所说的“承认差异”、“尊重个性”乃至“多元智能”吗？谈“师生关系”谈“教师与课程同步发展”，还有比《礼记·学记》中“教学相长”四个字更精辟的吗？

别冷落了经典！冷落经典，便是遗弃了我们应该继承的颠扑不破的真理。阅读教育经典，就是直接聆听古今中外教育大师不朽的声音，就是请大师们走进我们的心灵，就是让人类共有的教育真理之光照耀着中国今天的教育。

不妨来点儿“非功利阅读”

何谓“非功利阅读”？就是不把阅读当做手段而是为目的本身的阅读；再说通俗点，就是“不为什么”的阅读。

现在我们读一本书，大抵有明确的功利目的。比如前几年我猛读有关大学英语的书，因为要应付考试；比如我前段时间读《中华人民共和国交通法规大全》，是因为考驾照必须考交通法规；又比如我最近又在读《电脑软件安装技术》，因为我买了不少软件却不会安装；再比如我昨天又把《高中语文新课程标准》拿出来重新研读，因为下周我要作一个语文新课程改革的讲座……这些都是有明确目的的“学以致用”的阅读。据我观察，现在许多老师大多读与新课程培训和教学改革有关的书，因为新课程改革的形势迫使大家更新观念，提高自己的专业化水平，这都是无可厚非的。这样的“功利性阅读”没有什么不好。

我想说的是，对于一个有着更高追求的教师，恐怕不能仅仅只有“功利性阅读”。除了“有用”的阅读，我们能不能来点“没用”的阅读——这里的“有用”“没用”当然是就眼前的急功近利而言。教师，作为人类精神文明的传承者，除了认真阅读教育教学专业书，能不能读一些与教育教学无关的书——政治、哲学、经济、历史、文学等方面的书？

我们为什么要读书？“学以致用”当然是一个原因，但还有一个更重要的原因是：我们是“人”！如果就生物学本身的角度而言，人和动物是没有区别的；但“人是一枝会思想的芦苇”，于是人便成了自然界“万物之灵长”。

人之为人在于“精神”，而通过阅读，我们可以尽可能完整而完美地建构无愧于作为一个“人”所应有的精神世界。正如培根所说：“读史使人明智，读诗使人灵秀，读散文使人宁静，读小说使人认识社会和人生，博物使人深沉，伦理使人庄重，逻辑与修辞使人善辩。”茫茫宇宙，匆匆人生，“我是谁？”“我从哪儿来的？”“我要到哪儿去？”——对自己生命的追问，需要我们徜徉于人类精神文明的长廊，在触摸历史的同时憧憬未来，在叩问心灵的同时感悟世界。

“师者，传道授业解惑也”，当然需要读一些专业技能方面的书；但教师同时又被许多人称为“人类灵魂工程师”，那么，这“人类灵魂工程师”的“灵魂”是否饱满充盈，则更多地取决于“灵魂工程师”们是否有上面所说的“非功利阅读”，特别是读教育以外的书。其实，所谓“功利”也是相对的，教育本身就和时代风云、社会发展息息相通，所谓“教育以外的书”，实际上直接间接都和教育有着千丝万缕的联系。我是教语文的，我就深感“非功利阅读”为我的课堂教学带来的广度、厚度和深度；我曾长期当班主任，不是《班主任手册》之类的专业书而是《平凡的世界》《傅雷家书》《风雨中的雕像》《谁生活得更美好》等作品让我和我学生的心灵走向纯净与崇高。

所以我曾经在一次青年语文教师的座谈会上说：“我认为，教语文不能就语文论语文，要站在教育的高度打量语文；搞教育不能就教育谈教育，要站在社会的高度审视教育。”朱小蔓教授曾在一次讲演中谈到读书的意义时说：读书“有助于成长人的精神中积极的情感。我常常想，人若没有这五彩缤纷、波澜起伏的情感体验，生命是那样干枯，生活是那样暗淡，而有着这些情感充盈的生命和生活是那样让人感到满足、享受和向往”。她进而呼唤：“让读书支撑我们的生命！”当然，要让教师们的生命被读书所“支撑”，除了教师本人对读书的意义有充分的认识之外，恐怕我们的教育体制还应该给教师以“超功利阅读”的可能。就目前而言，在“应试教育”压迫下的广大一线教师，每天都在起早摸黑地为应付考试、名次以及各种各样的检查而忙碌，甚至战战兢兢地为避免被“末位淘汰”而疲于奔命；在此情况下，别说“超功利阅读”，就是“功利性阅读”也难以做到。因此，教师读书时间的保证首先有赖于教育改革所营造的宽松环境，有赖于各级行政部门真正给老师们“减负”。唯有这样，才能保证教师有更高的追求，在博览群书中使自己的生命和教育一起充满蓬勃的生机。

读到“自己”，读出“问题”

也许不会有人否认，真正的阅读是一个心灵激荡的过程——用眼下比较时尚的术语说，叫做“生命的体验”。但现在的学生是否体验到阅读的精神愉悦呢？

我的一位高一新生在一次关于语文阅读教学的问卷调查中这样写道：“我喜欢自己读朱自清，但不喜欢老师讲朱自清。因为我自己读《背影》，读到的是我父亲的背影，而听老师讲《背影》，我得到的只是一些所谓的‘关键词’‘关键句’而已。”对于中学语文阅读教学，专家学者们提出了许多很精辟的理论。

在这里，我想问一个朴素的问题：我们的阅读教学，怎样才算是走进了学生的心灵？如果要从理论上深入探讨这个问题，我们可以洋洋洒洒写出许多的论著，但朴实无华的真理总是源于生活实践而不是来自纯“理论”的逻辑推导。这里，我一点没有蔑视理论的意思，而只是希望我们的思考能够归真返璞，回到生活的起点。具体说，我想从自己阅读的切身体会谈起。

回忆我自己的阅读，每当我感到心潮起伏的时候，往往不外乎两个原因：要么是从作品中读到了“自己”，要么是从作品中读出了“问题”——前者如我曾经读过的《把整个心灵献给孩子》，我由苏霍姆林斯基所描述的充满诗意的教育故事以及他所揭示的教育那纯真、纯正、纯净的人性之美，想到自己每一天平凡而同样美丽的教育实践，进而心潮起伏，难以自已；后者如我正在拜读的《“教育学视界”辨析》，作者陈桂生教授对许多人们习以为常的教育“常识”、“公理”提出的质疑，敲打着我的心房，使我对作者的质疑以及其他一些教育“常识”也投去质疑的目光，以至放下该书后我那被作者点燃的思想火把还在继续燃烧。

——这种伴随着感情流淌或思想飞扬的阅读，才是真正深入心灵的阅读；而作为语文教师，我们为什么不让学生也能享受如此心旷神怡的阅读呢？我认为，语文阅读教学要走进学生心灵，就应该引导学生与作者对话，帮助学生寻找并打开进入作者心灵世界的精神通道，让学生通过文本与作者交流感情或碰撞思想——读到“自己”或读出“问题”。

先说“读到‘自己’”。这里的“读到‘自己’”，指的是通过阅读文本而情不自禁地联想到自己相似的情感、自己熟悉的生活、自己所处的社会或自己正经历的时代，进而与作者产生心灵的共鸣。任何一部经典作品（当然包括语文教材中的课文），不管其时空距离与我们有多么遥远，它之所以能够流传至今，主要原因是因为它凝聚着人类某些方面共同的思想感情或精神品质，它是属于全人类的同时也是属于每一个读者的；换句话说，面对同一部经典作品，不同时代不同民族的每一个读者都可以从中捕捉到属于自己的那一根思想感情的“琴弦”——所谓

“读《三国》流泪，替古人担心”就是这个道理，周恩来曾给英国朋友解释《梁山伯与祝英台》是中国版的《罗密欧与朱丽叶》也是这个原因。

说穿了，所谓“读到‘自己’”，就是我们常说的“把自己摆进去”。有一类课文，学生是很容易读到“自己”的——比如《春》、《背影》、《从百草园到三味书屋》、《一碗阳春面》等等。从这些课文中，学生相对比较容易被课文的景、情、人、事所感染，因而不知不觉使自己成为课文中的一个“角色”。

但有的课文所表现的内容距离学生比较遥远，因而学生往往无动于衷，“进入不了角色”，这时便需要教师在课文所表达的思想感情与学生的心灵之间“搭桥”。学富兰克林的《哨子》，我要求学生们以“我的‘哨子’”为题进行讨论，引导他们反省自己曾经犯过的类似错误；学莫泊桑的《福楼拜家的星期天》，我和学生一起审视我们今天的星期天是怎么度过的，并思考怎样让我们每一个普通的日子都闪烁着思想的火花；学鲁迅的《孔乙己》，我既让学生联系当时的社会背景理解孔乙己的不幸命运，又让学生以今天素质教育的眼光来评判孔乙己的悲剧性格，同时还结合当今一些社会现象剖析一下身边的“咸亨酒店”式的冷漠，并扪心自问自己是否也是一个“看客”，进而感受鲁迅那穿越时空的深邃目光……

再说“读出‘问题’”。面对一部作品，可能各位教师都有这样的体会，研读越深收获越大同时疑问也越多；相反，对我们根本无法读懂的著作，至少我是提不出任何问题的。因此，从某种意义上说，“读出‘问题’”正表明读者读懂了——当然，这个“懂”是相对的，在“懂”的同时又伴随着“不懂”，即一个又一个的问题，而思想之鹰正由此展开了飞翔的翅膀！这个道理应该告诉学生，并引导他们“读出‘问题’”。语文教师应该在阅读教学中善于点燃学生思考的火花，使语文课堂成为学生思考的王国——善于发现问题，敢于提出问题，乐于钻研问题；在此基础上，既尊重老师，更崇尚真理，大胆怀疑，科学探寻，勇于创新。

学生思考的火花只能用教师思考的火花去点燃。我们不能设想，一个迷信权威、毫无创见的教师，会培养出敢于质疑、富于创新的学生。所以，对学生最好的指导，莫过于教师在教学过程中的示范。我常常给我的学生讲我在备课钻研教材时遇到的疑问，比如，《故乡》中鲁迅说杨二嫂是“一个画图仪器里细脚伶仃的圆规”，鲁迅为什么会这样说？文中几次出现的“圆规”，到底是属于什么修辞手法，比喻？或借代？小说的主题究竟应该是什么？再如，《守财奴》结尾“这最后一句话证明基督教应是守财奴的宗教”究竟该怎么理解？又如，孙犁《好的语言和坏的语言》后半部分的结构是否不太严密？……经过教师的示范和引导，学生们大多能从课文中提出不少问题：有的是作者的疏漏，有的是读者的疑惑——前者如有的学生在李健吾《雨中登泰山》中找出了几个病句，有的学生批评杨朔散文有构思雷同化的倾向，等等；后者如学《背影》，有学生问道：“当时朱自清都已二十多岁了，回北京念书乘火车还要父亲送，并哭哭啼啼的，是不是太娇气了点？”学《包身工》，有学生问：“解放已经50多年了，可为什么我们的国家还有类似包身工的现象？”学《为了六十一个阶级弟兄》，有学生问：“为什么作者要强调‘阶级弟兄’，如果中毒的不是‘阶级弟兄’难道就不救吗？那这算不算真正的人道主义精神？”……

对课文的质疑必然伴随着学生之间乃至师生之间的讨论、争鸣，而这样的思想碰撞正是把阅读引向深入的过程。学完《指南录后序》，有学生对文天祥的局限提出了不同的看法：有的说文天祥“辞印相不拜”以致丧失军权是失策，有的说文天祥“意北亦尚可以口舌动也”是轻信，甚至还有学生认为文天祥拼死挽救一个腐朽无能的南宋王朝不能算爱国……我鼓励学生各抒己见，同时引导他们用历史唯物主义的观点评价历史人物。在争论中，有学生对文天祥的评价颇有见地：爱国总是具体的，一定时期的“国”总是通过一定的政府来体现；文天祥未必看不到南宋的腐败，但正因为这样，他更希望拯救它、振兴它，这恰恰是他的忠诚之处和悲壮之处，千百年来人们敬仰的正是他这种誓死报国的民族气节。教师组织这样的思想争鸣，还应教会学生运用一些正确的思想方法具体问题具体分析，顾及全篇主旨分析某一语句的含义，结合一定的时代背景和社会特点把握某一作家的思想感情及其作品的得失等等。

引导学生在课文中读到“自己”读出“问题”，就是让学生与作品在精神上融为一体。唯有这样，我们的阅读教学才真正走进了学生的心灵，因为“从来就没有人读书，只有人在书中读自己，发现自己或检查自己”（罗曼·罗兰）。

图书的“必读”和“推荐”

到书店转转，会发现各类“必读书”充斥于书架上：“小学生必读书目”、“中学生必读书目”、“大学生必读书目”、“青年必读书目”、“教师必读书目”……

什么叫“必读”？当然是“必须读”。

开列书目的专家们，无非是想在这信息爆炸的时代，把最精华的人类文明结晶介绍给读者。但为什么要“必读”？

阅读作为一种个性化的心智活动，是不应该被强行统一的。当然，一些经过历史浪涛冲刷的精神产品，应该被一代又一代人传承，可这种传承应该是一种自觉的行为，而非用“必读”来强制。这种自觉的选择，首先应该是建立在尽可能广泛的阅读基础之上，而不仅仅是少数所谓“必读书目”。只有经过自己大脑的比较、鉴别、欣赏、批判，所得到的才真正是文明精华。

有人说，中小学生还不成熟，鉴别能力不强，为什么不可以给他们指定“必读书目”，引导他们直接面对人类经典，让他们少走弯路呢？

引导当然是需要的，但这种引导应该体现在教师和学生一起读书，一起讨论，一起交流，而不是简单地开个“必读书目”了事。更何况现在的必读书目都已经绑在“应试教育”的战车上了，在繁重的功课压力下，学生们对各种强制已经非常逆反——请到现在的中学去问问，有几个学生真正喜欢“必读书目”的？“必读”的强制，让阅读丧失了本来应该有的心灵愉悦，唯一的“好处”，是使阅读经典成了难得的“商机”——围绕“必读书目”的各种“导读”、“训练”读物随之滚滚而来！

各种“必读书目”的制定者们无一不打着新课程改革的旗号，但他们似乎忘记了语文新课程标准的基本理念之一便是“构建共同基础与多样选择相统一的语文课程”。阅读当然也需要“共同基础”，即让学生自觉走向经典走近大师；但阅读同样需要“多样选择”，即尊重学生的阅读兴趣，鼓励充满个性的阅读：文学、历史、政论、科普、传记……都应该允许不同的学生根据自己的不同爱好去选择。岂能用一个“必读书目”将多元阅读定于一尊？

还有一个问题不容回避：“必读”——如此毋庸置疑的命令，谁有资格下？

当然是各类“专家”。他们坐在书斋里，开列一串串书单，然后写出一篇篇导读，居高临下地“教导”我们要这样不要那样……凭着专家的身份指手画脚，用自己的阅读爱好取代别人的阅读兴趣，甚至用“必读书目”的名义把自己的审美观和阅读观强加于人——这不是另一种形式的“思想专制”吗？

“难道就不应该给成长中的学生开些书目吗？”有人也许会问。

当然可以！但请不要用“必读书目”这样充满霸气的话语，能不能用一个充满尊重、协商的词——“推荐”？

读不懂教育理论的书怎么办

我们学校有一个自愿报名组成的读书会。大家定期围绕一些书籍交流心得，分享快乐。记得在今年三月的读书会活动中，有的老师问我："有的教育理论书我读不懂，怎么办？"我的回答是："读不懂就不要读！"

其实这个问题也曾经是我的苦恼，我也曾经为读不懂一些高深的理论书而自卑。后来我读博士，导师朱永新对我说，读不懂，不一定是你理解能力有问题，更多的时候是作者本身就没有把这个问题真正搞懂，那写出来的东西自然不好懂。朱老师对我说，读不懂就不要读。我现在也是这样对老师们说的。有些翻译的著作我们也读不懂，可能是作者没把理论表述清楚。还有一种情况就是翻译的问题，原著也许很晓畅，但翻译得很糟糕。比如，前段时间我读的《漫步教师心灵》，语言真是别扭，甚至还有病句。我估计多半是翻译的问题。苏霍姆林斯基的书为什么好懂？除了苏霍姆林斯基本人的表达非常流畅之外，翻译者杜殿坤先生是一位杰出的翻译家。深刻和通俗并不矛盾。苏霍姆林斯基的书很通俗，但同样深刻。

现在有的专家本身就没有想要你读懂，你都读懂了，怎么会显出人家的"高深"？作者硬着头皮写的书，读者当然只有硬着头皮读。我不愿硬着头皮读，那就不读！老师们不要因此而怀疑自己的智商，不要自卑。既然那些书我们读不懂，那不读就是了，我们找能够读懂的书来读！

我一直认为，读书应该是一件给人快乐的事，当然，这里的快乐不是浅薄的开心，也包括“思考”的幸福。但有的书就是成心不让读者读明白的，你怎么思考脑子里都是糨糊，怎么办？很简单，不读就是了。因此，在这个意义上，我特别不赞同铁皮鼓等人提倡的“海拔五千”之类的说法（铁皮鼓不要生气啊，你只管一笑了之，呵呵）。

刘瑜这个名字以前我是不知道的，但读了她写的《民主的细节》，我一下对这个年轻女子佩服得紧。她用非常老百姓的语言，引人入胜地说清楚了什么叫“民主”。打开这本书，我们不用“海拔五千”，只需在草原上漫步，就可以走进“民主的王国”。我曾想，我在写博士论文《民主与教育》时，曾经翻阅了那么多关于民主的“经典著作”，怎么没有看到一本像《民主的细节》这样深刻而朴素的著作呢？刘瑜为什么能将这个宏大的问题写得这么轻巧呢？

前天读到《南方周末》上刘瑜的一篇文章，叫《从经典到经验》。读完之后，我一下明白了，原来刘瑜以前也被晦涩的著作烦恼过，也曾怀疑过自己的智商。因为有过痛苦的经历，于是她便决定不把这个痛苦传给别人——她自己写书，就发誓不要让读者“海拔五千”。下面，请允许我大段大段地摘引刘瑜《从经典到经验》的文字——

我至今仍然记得1998年左右的一次阅读噩梦。当时我在读希腊学者波朗查斯的《政治权力与社会阶级》中译本。我至今也不知道是因为翻译得不好还是作者本人文笔极晦涩，总之阅读的感觉就是四个字：寸步难行。大多时候完全不知道作者在说什么，偶尔似懂非懂又觉得作者基本上是在胡说八道。有时候枯坐俩小时只能翻四页，速度相当于从沼泽里往外拽一辆马车。等读到第三个小时的时候，就杀人的心都有了。

类似的读书经历，我有过很多，从福柯到哈贝马斯，从亨利·詹姆斯到奥克塔维奥·帕斯，读着读着就有把作者从坟墓里拖出来揪住其衣领大喊“Why？Why？Why？！”的冲动。

后来我想，与其问别人，不如问自己：既然读得这么痛苦，为什么要读呢？

在年少缺乏自信的时候，一旦不能读懂一本书或者读懂了但完全不知道它好在哪里，多半会很心虚，觉得责任肯定都在自己身上：这么经典的书，我都不知道它好在哪，肯定是我笨极了。既然如此，不但要接着读，还要在餐桌上不经意地讲道：“其实福柯对知识的理解，与柏拉图的洞穴比喻，具有一种意指共生的关系，而罗兰·巴特晚年对欲爱的诠释，构成了对这一关系最好的回应……”

世上本没有经典，装的人多了，也就有了经典。

上面这句话过于傲慢，我的意思是：经典之所以是经典，不应该是有多少人赞美过它，而是它真的能帮助你认识当下的世界与自己。如果它不能做到这一点，要么是你的功力真的还不够，要么是它真的其实也没什么。用我一个朋友的话来说，其实肖邦也没有什么，就是他那个时代的周杰伦嘛。

所以我现在主张的，是一种从经验、从问题出发的读书态度，而不是从“死去的古代白人贵族男子视角”出发的读书态度。比如，如果现在困扰我的问题是“民主化和经济发展的关系”，那我就老老实实去读Prezworski、Inglehart、Huntington等做相关经验研究的人，柏拉图、黑格尔等“大师”估计也帮不上多大忙。15年前你要是在大街上碰见我，打开我的书包，发现的可能都是《规训与惩罚》《公共领域的结构转型》……这样的经典名著，而现在你要是碰到我，可能我从书包里掏出来的仅仅是《印度简史》《菲律宾的腐败》《民国的四次选举》之类一点也不高深莫测的书。

这些论述精彩吧？我倒没有过“等读到第三个小时的时候，就杀人的心都有了”的感受，但“读着读着就有把作者从坟墓里拖出来揪住其衣领大喊‘Why？ Why？ Why?！’的冲动”是有过的，只是年轻时候，我从没有想到过问自己：“既然读得这么痛苦，为什么要读呢？”而是怀疑自己智商太低。现在任教于剑桥大学的刘瑜调侃地说：“世上本没有经典，装的人多了，也就有了经典。”这话有些刻薄，但也有几分道理。我在想，这“装的人”里面曾经是不是也有一个叫“李镇西”的人呢？

当然，阅读教育学著作，需要一些学术的背景知识，但是作为学师范的大学本科生，绝大多数中小学老师都是经过起码的教育学理论学习，基本的背景知识是具备的，这足以让我们读懂绝大多数教育理论著作——除非作者本来就不想让我们理解。读不懂，原因多半不在我们，而在作者。因此我再说一遍：不要轻易怀疑自己的智商，读不懂那就不读呗！就这么简单。

请不要强迫老师们这样读我的书

拙作如《爱心与教育》《做最好的老师》《做最好的班主任》等受到许多老师的欢迎，我很高兴，并很感动，且满怀感激。许多老师自发给我写来了他们阅读时的感受，真诚抒发对我的尊敬，更表达出我们共同的教育情怀。

但是，也有老师告诉我，学校放假时把我的书发给全校老师，一人一本，然后要求老师们写读后感；还有老师告诉我，市教育局布置阅读李镇西著作后，还要举行全市教师考试，考题自然是我著作中的内容。老师们感到不快："本来读您的书很舒畅，不知不觉就进入了您的故事，甚至流下眼泪；但一想到还要写读后感，还要考试，就不舒服了。"

罪过，罪过！——我说的是我的"罪过"。如果我不写这么多的书，或者写得不这么好（不好意思，有点"自我吹嘘"了，但我的书受读者欢迎，我得说实话呀），那么校长局长们就不会要求老师们读了，自然就不会写读后感，更不会考试了。

但有了感情就要喷发，有了思想就要燃烧，有了故事就要诉说，我实在忍不住要把自己的情怀流淌在纸上，出版成著作让更多的人分享啊！从这个意义上说，我好像也没错。

而提出写读后感和考试的领导，也绝对是好心。他们知道，教育品质的提升，首先在于教师素养和教育境界的提升，打造高素质教师队伍是当务之急。但所谓“提升”所谓“打造”，除了实践中的探索，读书便是第一要务。而我的书，由于写出了真实感人的故事，而这些故事又蕴含着普遍的教育真理，更因为我本人就是一线教师，书中的内容离广大的老师们更贴近，容易打动人，所以，领导们给老师们推荐是没有错的。作为作者，我对这些领导真的说不出的感激！包括他们要求老师写读后感和考试，其实我也理解——通过这种方式，督促老师们认真读，并认真记，毕竟现在不少老师还是比较懒惰的，没有读书的习惯。

但是，好心没有得到老师们的理解反而引起抵触，就不好了。有老师为了应付也许会到网上去下载读后感——读我著作的读后感，网上多的是！因为要完成考试，而不得不像迎战高考一样悬梁刺股……助长弄虚作假之风，增加老师负担，这恐怕不是领导们的初衷，更不是我希望看到的。

其实，完全可以采取另外的方式鼓励老师们读书——不只是读我的书。我这里介绍一下我在我学校的做法。

最初我到学校当校长的时候，也曾要求老师们读我推荐的书（当然不限于我的书），读了之后写读后感发到网上，每月一篇，写了奖励五十元（好像是），没写就没有。于是，每个月绝大多数老师都能按时完成。但我很快发现有个别老师的读后感是从网上下载的，虽然是极个别的，可我感到恶心，进而愤怒。我在大会上严厉批评。但我反思自己，渐渐认识到，这是我管理的问题，因为我的管理客观上是一种逼迫，在逼老师们阅读的同时，也在逼个别人作假。而且，我想自己的阅读体验，读到好书，自然想写点东西，但更多的时候，是一边读一边在书上勾画批注——如此读读写写勾勾画画，不正是阅读的常态吗？

为什么不把这种常态，变成学校阅读的常态呢？

于是，我改变策略，取消了原来的规定，不要求老师们必须写读后感了——即使写了也没有五十元，而是不定期检查老师们读过的书，看上面的批注，哪怕没有批注也不要紧，有勾画也行，只要有阅读的痕迹就可以了；甚至哪怕没有批注勾画也不要紧，因为我会时不时组织读书沙龙，让老师们互相推荐所读的书，或围绕同一本书谈各自的体会。慢慢地，老师们渐渐习惯于阅读了，而且是真阅读，不是假阅读——没有了强迫的读后感，阅读成了一种心灵的飞翔。当然，也有老师有感而发写下读后感发到网上，我们依然欢迎，而且互相跟帖交流。这也是一种自然而然的思想燃烧和情感流淌。

对于引导老师们读书，我还有一个做法的变化：变赠书为借书。过去，我喜欢买书来赠给老师们，有时候甚至是自掏腰包给老师们买书。比如，我的《追随苏霍姆林斯基》出版后，我用我被评为劳动模范的四千元奖金买成书送给老师们。但后来我发现，有的老师得到书并不读，至少不急于读——反正是自己的书，什么时候都可以读得，何必急呢？于是，我现在更多时候，不是赠书，而是借书。老师们到我办公室谈心结束的时候，我请老师在我的书橱里选一本他喜欢的书，写上借条，然后我提出阅读期限和阅读要求：“一周之内读完，在书上批注勾画，在最后一页的空白处写上你的名字和阅读时间。”我这样解释说：“这样提要求，你便能够紧迫而认真地读完。以后，我这本书将有不同读者不同笔记的批注，后面还有阅读者的姓名和阅读时间。以后退休的时候，我把这些书赠给学校图书室，成为我们学校的藏书。设想一下，一百年以后，我们都不在人世了，可这些书还在学校图书室珍藏着，那时武侯实验中学的师生捧读这些留着先辈笔记的书，将会有怎样的感慨？因此，我们留给后人的，不仅仅是图书，而是一种精神，一种文化！”

现在，我的书橱里已经有不少这样的书了。

我们学校还成立了读书会，老师们自愿加入，现在已经有八十多位成员了。我们定期（通常一月一次）聚在一起交流读书心得，互相推荐最近读过的好书。有时候我还把老师组织到野外读书。比如上半年三月份的一天，我和读书会的老师们驱车来到一个垂柳依依的湖边。上午，我们分成几个小组，每人带着一本书彼此介绍推荐；下午，我给大家做了一个讲座《读书使人幸福》，讲座过程中，我给老师们朗读《教育机智——教育智慧的意蕴》片段，老师们听得非常专注，我不时提问让大家思考。那一刻，我仿佛回到了课堂，面对的是可爱的孩子们。那天，春风、阳光、柳絮、花朵、湖水，和书香一起包围着我们，融进了我们的胸怀，陶醉着我们的心灵。

我校范景文老师在一篇文章中谈到那次春天郊外的读书活动——

我正好是工作的第六年，可能正好到了工作的倦怠期，似乎看来一切都按部就班，井井有条的，自己也感觉自己做得还不错，但是就对一切都提不起兴趣，也没有了刚出道时的那种激情，日子就这么一天一天地过着，也没有想要去突破的意思。可就在这个时候，老李组织了一个读书会，第一次活动是在春光明媚的郊外。首先，这个活动我觉得很特别，其次在整个过程中有一个李老师给大家读书的过程，当他读到在《教育机智——教育智慧的意蕴》中那个小男孩的案例的时候，不知道加的是什么“润滑油”，突然我开始重新思考，我的大脑开始运转，想了许多方法想要去帮助那位老师解决问题。在听李老师读书的过程中，迫使我主动地去思考一些自己教育教学的方式方法，“这样做是否是对的？这样做是否符合教育的规律？那样做有没有压抑学生的个性发展？”等等这样的一些问题一层一层地浮现在我的脑海中，本来第六个年头对于我来说正是迷茫的时候、倦怠的时候，那天就好像是一次班会课，老李说话有感染力，真诚，激情，善于找到谈话的切入口，从读书讲故事开始深入心灵……我想这都是一个优秀班主任应该具备的技能，李老师用他的实际行动向我们讲述着。我真的有一种醍醐灌顶、重新找到方向的感觉，就好像迷雾中被人撕开了一个口子，阳光照射了进来……

饶振宇老师也这样写道——

在水岸读书是件惬意的事情，之后的座谈在融洽的气氛中也彼此了解了各自读的书。交流过程中，我组的老师都说到了自己中学时代爱读的书，总结起来就一句，“男看金庸，女看三毛”，直到年岁见长，阅读的范围才越来越宽，跨入教育行业后，更多了教育类的书籍。特别是组上的几位男老师将教育理论结合我校实际情况的见解和思考，让人佩服。这次读书活动的收获就用一句大家都熟悉的话来总结：“你有一个苹果，我有一个苹果，彼此交换，各自还是一个苹果；你有一种思想，我有一种思想，彼此交换，各自就有两个思想。”

我想，这样组织老师读书，是不是更有效而且也更有趣一些呢？

读了这篇博文的老师若觉得我的方法不错，可以给你们的校长推荐。如果这篇文章能够减轻老师们的读书的痛苦，我将不胜荣幸！

“真教育是心心相印的活动”

在重新学习陶行知教育思想时，先生的一段话特别震撼我的心灵：“要想完成乡村教育的使命，属于什么计划方法都是次要的，那超过一切的条件是同志们肯不肯把整个的心献给乡村人民和儿童。真教育是心心相印的活动。唯独从心里发出来的，才能打到心的深处。”

读着这段话，我很自然地想到了今天的素质教育。说到“素质教育”，不少教育者往往更多的是把眼光投向教学内容、教学方法、教学设备、考试制度等等的改革，这些当然是必要的，但是我认为，素质教育绝不仅仅是教育技术层面的事，它首先是一种充满情感的教育，是充分体现教育者爱心与童心的教育，是“心心相印的活动”。

离开了情感，一切教育都无从谈起。当年陶行知所提倡的“乡村教育”是这样，今天我们所呼唤的“素质教育”也是如此。

正是在这个意义上看，陶行知教育思想与实践中体现出来的伟大的师爱，不但对今天的教育现实有着强烈的针对性，而且与目前党和国家所提倡的素质教育息息相通。也正因为如此，今天的每一位教育者重温一下陶行知有关师爱的论述，感受他那对孩子的一颗晶莹纯洁的爱心，不但应该而且很有必要。

一、奉献之心：“不要你的金，不要你的银，只要你的心。”

爱就意味着奉献。从古到今，教育在人们眼中都是充满无私奉献精神的神圣职业。但令人遗憾的是，在社会主义市场经济大潮汹涌澎湃的今天，一些教育者自觉不自觉地习惯用商业化与功利化的眼光来衡量自己的职业，以至逐步丧失了最崇高的精神境界。麻木、冷漠或者虚伪、势利弥漫在一些教师、学生及其家长之间。（参见1998年4月28日《中国青年报》：《我为孩子讨说法》）教育者因此失去了陶行知先生所说的“人格的长城”，教育也因此失去了“心心相印”的情感魅力。

陶行知于1928年在纪念晓庄试验乡村师范建校一周年的演说中，这样真诚地大声疾呼：“乡村教育之能改造，最要紧的是要问我们肯不肯把整个的心献给乡村儿童。……倘使我们肯把整个的心捧出来献给乡村儿童，那么，无论如何困难，必有达到目的一日。否则天天背诵教学做合一，也是空的。我今天要代表乡村继而投向全国小学教师及师范生上一个总请愿：‘不要你的金，不要你的银，只要你的心。’”

“人生为一大事来，做一大事去。”陶行知不但是这样说的，而且他更是以自己身体力行的实践，向孩子们也向他所热爱的老百姓捧出了他的一颗心。作为曾师从杜威的留洋学生，他本来已是一位大学教授、教务主任，但为了要改造中国的教育，为了“要使全中国人民都受到教育”，他毅然脱下西装革履，抛弃大学教授的优裕生活，穿上布衣草履，奔赴乡村，面向中国最广泛的社会生活为中国最下层的劳动人民从事着他最神圣的教育事业。

他说：“只要是为老百姓造福，我们吃草也干。”他还鼓励他的儿子："到最信仰民为贵的地方去作最有效的贡献。"这是何等崇高的人生观，又是何等彻底的奉献精神！

先生不仅自己有奉献之心，而且还反复强调教育学生要有奉献之心。他认为，"最重要的教育是'给的教育'，教小孩拿出小小的力量来为社会服务。人生以服务为目的，不是毕业后才服务，在校时，就要在服务上学习服务。"正因为如此，他无情抨击中国旧教育是"走错了路"，因为这种教育不是教学生"给"而是教学生"拿"，他进而把这种教育抨击为"吃人的教育"："传统教育，他教人劳心而不劳力，他不教劳力者劳心。"

他说："'劳心者治人，劳力者治于人。'说得明白一点，他就是教人升官发财。发谁的财呢？就是发农人、工人的财，因为只有农人、工人才是最大多数的生产者。他们吃农人、工人的血汗，生产品使农人、工人自己不够吃，就叫做吃人的教育。"

在《育才学校创办旨趣》中，先生明确地说："有人误会以为我们要在这里造就一些人出来升官发财，跨在他人之上。这是不对的。我们的孩子都从老百姓中来，他们还是要回到老百姓中去，以他们所学的东西贡献给老百姓。"

"捧着一颗心来，不带半根草去。"先生正是以他这一颗伟大的爱心滋润着无数颗童心，也培养出了无数的爱心。这样的爱心，不也正是我们今天一些教育者所缺乏的吗？

二、理解之心："我们要懂得儿童。"

对儿童来讲，师爱还有一个很重要的含义，这就是理解。

所谓对孩子的理解，用陶行知的话来说，就是"我们要懂得儿童"。我认为这句话至少有两个重要的含义：第一，懂得儿童特有的心理活动及思想感情；第二，善于发现并发挥儿童潜在的创造力。

陶行知多次告诫教育者：“我们必须会变小孩子，才配做小孩子的先生。”所谓“会变小孩子”，我的理解就是教师要尽量使自己具备“学生的心灵”——用“学生的大脑”去思考，用“学生的眼光”去看待，用“学生的情感”去体验，用“学生的兴趣”去爱好！对此，先生还有一段十分感人的话：“您不可轻视小孩子的情感！他给您一块糖吃，是有汽车大王捐助一万万元的慷慨。他做了一个纸鸢飞不上去，是有齐柏林飞船造不成功一样的踌躇。他失手打破了一个泥娃娃，是有一个寡妇死了独生子那么悲哀。

“他没有打着他所讨厌的人，便好像是罗斯福讨不着机会带兵去打德国一般的怄气。他受了你盛怒之下的鞭挞，连在梦里也觉得有法国革命模样的恐怖。他写字想得双圈没得着，仿佛是候选总统落了选一样的失意。他想你抱他一会儿而您偏去抱了别的孩子，好比是一个爱人被夺去一般的伤心。”

一个伟大的教育者，对儿童的心灵世界竟有如此细腻的感受和深刻的理解，我们只能说，陶行知先生的一颗真诚博大的爱心同时又是一颗纯洁无瑕的童心！教育者这样的童心，不正是我们今天的素质教育所必不可少的“精神软件”吗？

正因为陶行知先生真正把儿童看做儿童，深入他们的世界，理解他们特有的心理，所以，他同时又不仅仅把儿童看做儿童，因为他在和儿童心心相印的过程中发现了他们潜在的创造力。理解儿童不同于大人的思想感情，同时又尊重儿童不亚于大人的创造能力，这突出体现了陶行知先生充满辩证色彩的儿童观。

先生曾这样深情地告诫师范生：“未来的先生们！忘了你们的年纪，变个十足的小孩子，加入在小孩子的队伍里去吧！……您立刻会发现小孩子的能力大得很：他能做许多您不能做的事，也能做许多您以前以为他不能做的事。等到您重新生为一个小孩子，您会发现别的小孩子是和从前所想的小孩子不同了。”针对那些无视学生创造力甚至用粗暴手段压制学生创造力的教师，他还这样愤慨地抨击道：“你这糊涂的先生！你的教鞭下有瓦特，你的冷眼里有牛顿，你的讥笑中有爱迪生。你别忙着把他们赶跑。你可要等到坐火轮，点电灯，学微积分，才认得他们是你当年的小学生？”

这些充满感情的话，仿佛就是针对今天我们的一些教育现实所说，因而今天听起来，我们还觉得是那么振聋发聩。这究竟是因为先生的教育思想具有深远的历史穿透力呢，还是中国教育改革的步履太缓慢也太沉重了些？

三、平等之心：“拜小孩为老师。”

从某种意义上说，陶行知的伟大正在于他对学生真诚的平易亲切。他说：“我们希望今后办训育的人要打破侦探的技术，丢开判官的面具。他们应当与学生共生活、共甘苦，做他们的朋友，帮助学生在积极活动上行走。”

他还说：“我们最注重师生接近，人格要互相感化，习惯要互相锻炼。人只晓得先生感化学生锻炼学生，而不知学生彼此感化锻炼和感化锻炼先生力量之大。先生与青年相处，不知不觉的，精神要年轻几岁，这是先生受学生的感化。学生质疑问难，先生学业片刻不能懈怠，是先生受学生的锻炼。”

正是这样真诚平等的态度，不但使先生赢得了他所有学生的由衷爱戴，也不仅使他自然而然地走进了学生的心灵世界，更重要的，是使他心甘情愿拜学生为师；他也因此成为中国最伟大的教育家，而且也成为无数孩子及其广大的平民百姓最真诚的朋友！

毋庸讳言，由于种种原因，中国封建文化的残余至今还阻碍着我们的教育走向民主与科学。在师生关系上，一些善良的教师往往不知不觉甚至是“好心”地损害着学生的尊严和感情。在某些学校，师生关系成了“我管你从”的君臣关系；在某些课堂上，不但没有师生平等交流，共同研讨的民主气氛，反而存在着唯师是从的专制色彩。如此专制的教育，焉能培养出未来中国的主人和21世纪所呼唤的新人？

爱学生，就必须善于走进学生的情感世界。而要走进学生的情感世界，首先就必须把自己当做学生的朋友，去感受他们的喜怒哀乐。“您若变成小孩子，便有惊人的奇迹出现：师生立刻成为朋友，学校立刻成为乐园；您立刻觉得是和小孩子一般儿大，一块儿玩，一处儿做工，谁也不觉得您是先生，您便成了真正的先生。”在先生那里，师爱的最高境界不是母爱，也不是父爱，而是朋友之爱，同志之爱，因为这种爱的基础是平等：以感情赢得感情，以心灵感受心灵。

有些教师总喜欢在学生面前表现出“高深莫测”、“凛然不可侵犯”的“派头”，从中体验着自己的“尊严”。其实，这不是尊严，只是威严。

真正的尊严是敬重而非敬畏。师生在人格上应是绝对平等的，教师不应自视比学生“高人一等”。因此，我们对学生的爱，不应是居高临下的“平易近人”，而是发自肺腑的对朋友的爱。这种爱的表达既是无微不至，又是不由自主的：上课时，面对学生的问候，我们不是礼节性地点点头而是充满真诚感激之情地深深鞠躬；气温骤降，我们感到寒冷时，也自然急切地提醒学生“多穿一件衣服”；学生生日到了，班主任笑眯眯地送上一张贺卡；节假日，我们邀约学生（或被学生邀约）去远足郊游、去登山探险；在课余，与学生一起评论甚至争论一下印巴核试验的影响、中东和平的前景或世界杯足球赛的风云……

教师真正的尊严，从某种意义上讲，并不是我们个人的主观感受，而是学生对我们的道德肯定、知识折服和感情依恋。当我们故作尊严，甚至以牺牲学生的尊严来换取自己的尊严时，学生根本不会买我们的账，只会向我们投来冷漠的眼光；当我们“无视”自己的尊严，而努力追求高尚的品德、出色的教育、真诚的感情，并随时注意维护、尊重学生的尊严时，学生会把他们全部的爱心和敬意奉献给我们。这样，我们便把自己尊严的丰碑建在了学生的心中！

四、责任之心：“创造出值得自己崇拜的学生。”

对学生的热爱、理解、尊重，是使教育成功的必不可少的起码条件，但还不是教育的最终目的。对于一位有事业心的教育者来说，真诚地与学生交朋友，无疑能使他的教育充满更多的人情、人性和人道；但如果仅止于与学生交朋友，则无异于放弃了自己的神圣使命。因此，对学生的爱，最终还要体现在为学生的未来的人生负责，为民族的未来负责。换句话说，作为一名真正的教育者，应该具备童心、爱心和责任心：童心使他能走进儿童的心灵，爱心使他能“把整个心灵献给孩子”，而责任心则能使他站在人生和时代的高度，着眼于儿童的未来与社会的未来培养出“追求真理的真人”。陶行知先生正是这样的教育家。

我认为，最能体现先生人生观、价值观和责任心的，是他的一句非常朴素而又十分精辟的话：“教师的成功是创造出值得自己崇拜的人。先生之最大的快乐，是创造出值得自己崇拜的学生。”

那么，在先生看来，什么是“值得自己崇拜的学生”呢？

首先，要有改造中国的抱负。“我们要到民间去的学生，不要到天上去的学生。倘使因为环境不好即思迁，那么，城里不好搬到乡下，中国不好搬到外国，外国不好，再搬到什么地方去呢？学问之道无他，改造环境而已。不能把坏的环境变好，好的环境变得更好，即读百万卷书有何益处？”第二，是“人中人”而不是“人上人”。他说：“做人中人的道理很多，最要紧的是要有‘富贵不能淫，贫贱不能移，威武不能屈’的精神。这种精神，必须有独立的意志，独立的思想，独立的生计和耐劳的筋骨，耐饿的体肤，耐困乏的身，去做那不动摇的基础。”第三，要有科学的精神。“我们要极力锻炼学生，使他们得到观察，知疑，假设，实证，推想，会通，分析，正确，种种能力和态度，去探求真理的源泉。”第四，要有创造力。“教育不能创造什么，但它能启发解放儿童创造力以从事与创造之工作。”……

所谓“真教育是心心相印的活动”，我的理解就是：人格只能用人格去铸造，情感只能以情感去点燃，而能力也只有靠能力来培养。应该说，先生本身就是有救国抱负、有大丈夫气概、有科学精神、有创造力的“大写的人”，而造就出千千万万这样的“真人”，让自己的学生超过自己，更是先生一生不懈的追求。这是何等崇高的理想，又是何等博大的胸怀！这是先生伟大师爱的最高体现！

我们现在的素质教育，不正是提倡教育学生“学会做人，学会求知，学会健体，学会创造”吗？对比一下先生当年的教育理想以及他对学生的培养目标，我们会深深地感受到，从某种意义上讲，今天的素质教育正是当年先生教育改革的继续。

早在1986年，江泽民同志就这样高度评价陶行知先生：“陶先生著作宏富，论述精当，与当前的社会主义教育学息息相通，堪称中国近代史上的‘一代巨人’。”李岚清同志也曾这样题词道：“以陶行知先生为楷模，为办好我国全民素质教育作贡献。”

师德和师爱，当然不是什么新潮的教育观点；但我们把半个多世纪之前的陶行知教育中的师爱思想同面向新世纪的素质教育相提并论，也并非牵强附会的联系。这不仅仅是因为现在还有不少教育者并未真正解决这个问题，更因为在实施素质教育的过程中人们越来越深切感到，培养学生高素质的前提，是教育者的高素质，而在教师素质的诸多因素中，对学生的奉献之心、理解之心、平等之心、责任之心等教师“非智力因素”是第一位的。还是那句老话，没有对学生发自内心的爱，就没有任何真正的教育。

写到这里，我不禁想冒昧地把本文开头所引用的先生的一段话做个小小的改动用以自勉，并献给今天每一位真诚拥护并勇敢实施素质教育的同志——要想完成素质教育的使命，属于什么计划方法都是次要的，那超过一切的条件是同志们肯不肯把整个的心献给祖国人民和儿童。真教育是心心相印的活动。唯独从心里发出来的，才能打到心的深处。

苏霍姆林斯基永远照耀着我

问：你觉得苏霍姆林斯基是对中国当代基础教育影响最大的外国教育家吗？

答：应该是的，而且影响的时间持续特别长。可以回忆一下，改革开放以来，我们国家先后引进了各种各样的教育家或教育理论，但大多风靡一时，然后昙花一现，最后销声匿迹：八十年代就有布鲁姆、布鲁诺，最近几年有建构主义、多元智能等等。当然，也不能说“销声匿迹”，比如布鲁姆的“目标教学”至今还在我们的课堂中呈现。但总体上讲，一个外国教育家的著作几十年在我国中小学教师中如此畅销不衰，苏霍姆林斯基是唯一的！去年我去乌克兰访问，同行的有教育科学出版社一位编辑，就给苏霍姆林斯基的女儿送去几十万元的稿酬，是该社出版的《苏霍姆林斯基文集》中文版的版税。可以这样说，苏霍姆林斯基著作的主要读者，是在中国。

问：为什么苏霍姆林斯基对中国教师有这么大的魅力呢？

答：我想主要原因有两个，第一，苏霍姆林斯基不仅仅是一个教育理论家，更是一个教育实践家。他所说的一切，都是来自他亲身的实践。他一直没有脱离学校。因此他的理论，绝不是纯粹的理论思辨或逻辑推导的结果，不是“实验室”的研究结论，也不是通过简单的调查研究得出的统计数据。因为有来自一线的亲身实践，苏霍姆林斯基就区别于其他的纯理论的“教育家”，这更让一线的教师信服。

第二，苏霍姆林斯基对教育思想的表述非常平易朴实，他善于把非常深刻的道理用通俗而又优美的语言表达出来。这就让他的著作很容易受到一线老师的欢迎。有的著作，虽然思想也很深刻，可语言也很“深刻”，老师们捧起来就头疼，令人望而生畏，比如最近我读的目前比较流行的《教学勇气——教师心灵漫步》，说实话，我是读懂了的，也同意书中的观点，但这本书句法比较别扭，甚至还有病句，当然，我估计是翻译者的水平所致，因此我断言这样的书很难像苏霍姆林斯基的书那样长时间地流传下去。

另外，还有一点也是苏霍姆林斯基能够在中国有特别重要影响的原因，那就是苏霍姆林斯基所生活的国家——苏联和我们中国有着共同的意识形态。苏霍姆林斯基的著作最早是改革开放初期在我国流传的，在这之前，所有西方的“资产阶级教育理论”都是被排斥和批判的。苏霍姆林斯基书中充满了“共产主义”的词汇，很容易被官方认可进而“放行”。因此，后来苏霍姆林斯基的著作得以大批量的出版。当然，最主要的原因，我认为还是前两个原因。

我还要特别说明的是，不能否认，苏霍姆林斯基是一个真诚的共产主义者，但在他的精神世界中，共产主义和人道主义是统一的，他同时也是一个真诚的人道主义者，所以他不断地强调教育的人道主义精神，呼吁教育的人性。尽管他生活的时代，是斯大林极权时代，尽管他在赫鲁晓夫当政时期也受到了粗暴的批判，但他教育思想中的人道主义情怀毕竟还没有被全部遮蔽，而且还能够公开地表达。因此，当我们第一次读到苏霍姆林斯基著作中那些充满温情的教育论述，自然会被其人性的光辉思想所打动。

问：苏霍姆林斯基的教育思想很有超前性，我们今天的新课程改革的许多理念，都可以在他的书中找到相关论述。你怎么看待这个现象？

答：我不认为苏霍姆林斯基的教育思想有什么“超前性”。我们现在之所以感到他的好多思想和我们今天新课改吻合，这不是苏霍姆林斯基有多么英明的“预见性”，而是我们目前的“教育”已经远离了教育的本来意义。这样说吧，我不认为苏霍姆林斯基对教育有多么独到深刻的见解，他说的不过是常识。比如教育的爱，教育的人性，教育的因人而异，教育要注重人的精神世界，要尊重人，真正的教育是自我教育，等等，都是常识。这些常识，本来就是教育的应有之义。而我们的教育远离这些因素太远了，太久了，于是我们提出“新课程改革”，希望我们的教育重新恢复这些因素。而这些东西恰恰和苏霍姆林斯基的教育主张吻合，于是我们就以为苏霍姆林斯基“有远见”。不是的。这些主张，在许多中外教育家的书中都可以找到，比如，“因材施教”孔夫子不就说过了吗？关于给儿童以尊重与自由，在洛克的书中也可以读到。说实话，现在新课改的理念都不是新东西。我甚至可能是比较偏激地认为，现在我们所热衷的许多时髦教育理论，过去的教育家已经说过，甚至说尽。我们今天不过是将其细化，将其丰富，将其发展而已。

前段时间，我给朋友还说了这样的意思，我说“素质教育”这个词本身就是很滑稽的，因为所谓“素质教育”所提倡的全面发展呀，既要传授知识又要培养能力更要引领人格呀等等，本来就是真正的教育题中应有之义务。中国古代的教育，说到底就是今天说的“德育”，就是人格教育，虽然那时的“德”或者说所提倡的“人格”和我们今天的标准不完全相同。现在我们这么响亮地提出搞“素质教育”，而且提了二十年，这只能说，我们的“教育”已经背离教育的意义有多么远了以至我们不得不另换一个词“素质教育”！什么时候我们不需要说“素质教育”了，我们的教育就是本来意义上的教育了。

另外，关于苏霍姆林斯基的“超前性”，我还要补充一点，就是我不认为苏霍姆林斯基有什么多高深的理论，他的好多思考都源于教育实践，源于常识。比如，当苏共中央提出批判儿童心理学的时候，他公开反对，而反对的理由就是基于这样的常识：我们教育儿童培养儿童，和儿童打交道，怎么能够不研究儿童心理学呢？如果作为教育者居然不研究儿童心理学，是不可思议的。

问：许多人都称你为“中国的苏霍姆林斯基”，据说这是苏霍姆林斯基的女儿苏霍姆林斯卡娅对你的评价，是吗？

答：这是个误传。我多次纠正过，但人们还是这么以讹传讹。是这样的，十多年前第一次见苏霍姆林斯卡娅，她听了我的演讲，非常激动，便给我写了几句话，北师大赵炜教授当即翻译给我听，里面有一句是“您是中国的苏霍姆林斯基式的教师”，苏霍姆林斯卡娅的话传出去，可能图简便吧，就成了“中国的苏霍姆林斯基”。这个称呼我是万万不可接受的，因为我不是。不过，“中国的苏霍姆林斯基式的教师”我接受，因为苏霍姆林斯基式的教师就意味着有爱心的教师，追求教育人道主义的教师，讲究教育艺术的教师，等等。这样的教师，我当然是。而“中国的苏霍姆林斯基”，意味着我有着苏霍姆林斯基那样百科全书式的知识、那般全面系统的教育理论和穿越时空的教育影响。我哪有呀？

问：你认为我们今天能够实践苏霍姆林斯基的教育思想吗？

答：非常难非常难。难的原因，还不仅仅是时代和国情的不同，而主要在于我们现在所处的时代所处的环境还有我们对教育自由的宽容，让我失望。这让我想到了今年四月四日清明节那天我在陶行知墓前的感慨。我觉得我们现在的教育太残酷，太不人道，教育的自由度也太小。当今中国，除了在教育规模、教育普及和教育硬件方面，远远超过陶行知时代之外，其他方面全面退步！现在媒体在宣传“辉煌六十年”，可是在教育方面，我个人认为，六十年来实在乏善可陈，不说其他的，就说现在我们公认的具有世界影响的大师，哪一位不是民国教育的成果？陶行知的思想，苏霍姆林斯基的思想，我们今天读来简直就是梦一般美好而遥远。但是我们许多教师依然没有放弃苏霍姆林斯基，继续在自己的实践中，尽可能地践行他的教育思想。

其实，我认为，苏霍姆林斯基的著作对我们，至少对我，最大的意义在于，给我展示了教育的美好，教育的人性，教育的理想主义，或者通俗一点说，他告诉我，教育应该是怎样的。苏霍姆林斯基是一个美好的梦，读他，就是追梦，而追梦的过程就是不断实现自己教育理想的过程，哪怕最终也没有能实现理想，但人生的意义已在其中。苏霍姆林斯基的著作，给我们的还有一种激励，如果有一群人都共同追随苏霍姆林斯基，我们便有了共同的信仰。苏霍姆林斯基是前方的太阳，永远照耀着我前行，让我的教育之旅永远不会迷路。

学无止境

包括我在内的目前中国四五十岁的中年语文教师，其实是很尴尬的一代。

近年来，常常有认真而善良的老师把我同魏书生、程红兵、韩军、程翔、李海林、高万祥、黄玉峰等名师作比较甚至相提并论。对此，我实在诚惶诚恐。在这一批名师中，魏书生老师属于老师辈，且不说他引领中国语文教育20多年的影响力在同龄人中是无与伦比的，即以他学问和为人而言，魏书生老师所达到的境界是我无法企及的，虽然我愿意继续追随他学习他。再说我和程红兵等哥儿们的比较，尽管我以自己拥有他们这些真诚的同志和朋友而感到自豪，但我知道自己无论在哪方面都和他们有差距——论学识我不如红兵，论思辨我不如韩军，论教学我不如程翔，论学术我不如海林，论大气我不如万祥，论才华我不如玉峰……但我愿以他们作为我事业冲刺的标杆。

我这样说，也许有人会认为我是故作“谦虚”或者是一种“圆滑”。不，我与他们的差距是一种客观存在，和“谦虚”或“圆滑”是没有关系的。我还可以同时说一句很可能“得罪”上面这些名师的话——在我心目中，他们都还不是我心目中理想的语文教师。比起朱自清那一代中学语文教师——朱自清也曾在中学任国文教员，我们这一代语文教师有许多先天不足，无论我们现在如何“知名”，我们事业的“辉煌”都是有限的。我拿朱自清作为语文教师的典范，也许有些人会觉得太遥远，而且太理想化；那么，我就说一个近在身边的人，他就是我的岳父——乐山一中语文退休教师万鲁君先生。

我岳父生于1920年，上世纪40年代毕业于四川大学法律系，解放后一直任高中语文教师，“文革”中仅仅因为大学毕业后曾在旧法院工作过几天，便被开除公职遣返回乡，饱受苦难，直到粉碎“四人帮”后才恢复名誉和工作。1982年我毕业分配到乐山一中，有幸和他成为同事；不久他便退休了，但后来我更有幸成了他的女婿。他曾对我说：“年轻时我有一个梦想，要么做大作家，要么当名教授。”凭我现在对他智商、学问的了解，如果不是遇上那个可诅咒的时代，他完全可以实现这个梦的。至少，如果政治清明，他完全可以成为于漪、钱梦龙那样享誉全国的特级教师。他首先是一个非常高尚的人，在我老家，凡是知道他的人无不对他的人品钦佩不已，儒家关于修身养性的思想，已经化作他自然而然的生活方式，他的同事他的学生都把他当做身边的雷锋。他的国学功底相当深厚，二十四史是读通了的，文史哲信手拈来，好书法，擅长写古典诗词。身体之健康更是令许多人羡慕，他从38岁那年开始每天洗冷水澡，一直坚持到今天！也正是这健康的身体，使他思维至今相当敏锐活跃，现在仍然勤于阅读和反思，关心着中国的经济发展和政治体制改革，关心着中国的民主化进程，也关注着国际风云变幻。

和他相处，我既感到幸运又感到尴尬。幸运的是，20多年来，万老先生一直是我身边的一本百科全书式的“教参”，他全方位地熏染着我。如果说我今天在教育上有了一点成绩，首先不是归功于“党的关怀”“领导的培养”（虽然这些也是很重要的），而是万老先生对我的影响。尴尬的是，我总是自觉不自觉地把万老先生当做一个“参照物”，和他一比，我真是觉得现在的语文教师远不如他们那一代人。这种不如，至少体现在三个方面—— 一是学问功底。万老先生在小学时便接触了大量的传统经典，而我是在“批林批孔”“评法批儒”的喧嚣声中成长起来的。由此产生的文化差距，简直天渊之别。二是为人境界。有了古今中外人类文明精华的滋养，哪怕是一个默默无闻的普通人，其人格也自成境界。我岳父那种善良、正直、坦荡、超然、淡泊，使我相信这个世界上的确有“纯粹的人”。三是现代意识。万老先生年轻时所处的时代，使他的民主、科学、宪政、人权等意识非常浓厚，至今我和许多朋友聊的一些“启蒙”的“前卫观点”，在他看来都是最基本的常识。现代化、全球化、民主化……是我和他经常谈论的话题，但对话中我常常觉得自己捉襟见肘，而万老先生却游刃有余。

我当然知道，我和我岳父之间的文化差距——绝不仅仅是语文知识能力方面的差距，主要还是历史与时代造成的。虽然如此，我仍然努力在精神上接近万老先生，正是在这努力接近的过程中，我的精神境界也或多或少地有所提升。因此我并不自卑，我觉得我们这一代人也有许多引以为自豪的地方。

我们这一代人——或者就说我自己吧，有着真诚的理想主义情怀和庄严的社会使命感。和现在的年轻人不同，我的启蒙读物大多是红色经典，这些红色经典已经并且还将继续影响着我的精神世界。回想我自己的中小学时代，虽然是在“文革”中，但一本本或没有封面或残缺不全的“禁书”：《红岩》、《欧阳海之歌》、《林海雪原》、《草原烽火》、《苦菜花》、《钢铁是怎样炼成的》、《红旗飘飘》等等作品曾经是那样地激动了我一颗少年的心！随着时间的推移和时代的变迁，这些书所浸透的阶级意识、政治信仰、思想观点等等，可能会渐渐在我心中蒸发，但通过文学形象所传递并最终过滤结晶的精神内核——正义、理想、气节、忠诚、刚毅、激情……则融入了我的血液，化作了我一生坚贞的信念。这种信念，使我将我的教育视为实现我社会理想的途径。

说到社会理想，我得自豪地提及1979年。作为“文革”的精神受害者和“文革”后恢复高考的首批大学生，我在大学校园里，迎来了我精神的涅槃：从现代迷信走向思想自由。我经常对别人说：“我虽然没有赶上1919，但我有幸经历了1979！”那是一个风起云涌、思想激荡的年代，党的三中全会所带来的思想解放运动，在那一年拉开了序幕。真理标准大讨论、张志新冤案的平反昭雪、《天安门诗抄》、彻底否定“文革”、四个现代化、陈景润与“哥德巴赫猜想”、科学的春天……这一切让我看到了一个刚刚从噩梦中醒来的民族正迸发出无限的生机活力，而作为这个多灾多难民族的一员，我很自然地把自己的未来同我们民族的命运紧紧地联系在了一起——直到现在。

祖国改革开放的春天，使包括我在内的每一个年轻人也迎来了自己人生和事业的春天。这是我们比老一辈语文教师幸运的地方——多年后，于漪老师曾对我说：“唉，我们这一代语文教师被耽误得太多了，那时候，谁敢研究教育啊！连写篇文章去发表都要被批判为‘白专’，更不要说著书立说了！你们真是幸运，赶上了好时代，一定要珍惜啊！”我岳父也曾对我说：“唉！我们那时连批改作文本都得看看学生是什么成分——如果是贫下中农的子弟，即使作文写得不好也不敢打低分啊，要不然……”十几年来，他多次在我面前感叹道：“还是你们现在好啊，赶上了好时代，可以在事业上放手大干一场！你们现在实际上也是在圆我们当年的教育理想之梦啊！”

无论是著名的于漪老师还是不著名的我的岳父，他们都把未圆之梦托付给了我们啊！记得我当时对于老师说：“我明白您的意思，在我们这一代年轻教师的肩上，承载着两代人的使命！你们当年由于时代造成的事业上的遗憾，要由我们来弥补。”

然而，“弥补”需要功底呀——学问的功底，学识的功底，于是我如饥似渴地阅读。喝“文革”狼奶长大的我，除了读过上面所说的几本“禁书”，我的心灵完全可以说是一片文化荒漠。我还记得大学一年级时的一个细节：我去图书馆借书，管理员问我书名，我实在不好意思说是借《家》，只是用手中的笔指点着借书卡上的书名登记。因为我旁边站着许多同学，我实在怕他们笑我：“哼！居然连巴金的《家》都没读过！”接下来的几年，是文学名著和其他人文著作的“暴饮暴食”。再后来，进入了80年代一直持续到80年代末，我阅读的视野更加开阔。我曾在一篇文章中说过，我非常怀念80年代那“万类霜天竞自由”的人文学术氛围。正是那样一个宽松的氛围中，我读了大量的人文学术著作……

应该说，参加工作后，这种语文教学以外的阅读也是受了我岳父的影响。我发现，岳父读的书多数并不是语文教学的专业书，而是文学、历史、政治等人文书籍。正是从他那里，我知道了，一个语文教师应该有远比“语文”更宽阔的人文视野。当然，这样说并不意味着语文教学和教育本身的著作不重要（事实上，最近几年因为读博的原因，我也比较系统地读了不少教育学名著），而是说教语文不能就语文论语文，要从教育的高度看语文；搞教育不能就教育谈教育，要从社会的高度看教育。应该说，我的阅读还是有盲区的，比起我岳父，我对许多国学经典至今没有涉猎；而相对于现在的年轻人，我对当代外国文学也比较陌生，还有现代民主政治的有关著作读得也很有限。不过，我至今坚持着阅读的爱好，我相信我的视野会越来越宽的。

我知道，任何人都是一个独一无二的个体，因此我的精神现状未必就真能成为我们这一代人的“标本”。应该说，因为我幸运地成为77级大学生——这是我最引以为自豪的一点，所以我后来的发展还是比较顺利的；但是，我知道，由于种种原因，我的许多先天素质比我优秀的同龄人仅仅是为了拿一个本科文凭就历经艰辛——函授、自考、夜校，至今还没有相应的职称和相应的学术专业地位；然而，他们在所任教的学校几乎都是教学的顶梁柱！我想我们这一代人还是有些共性的：降生于封闭的社会但成熟于开放时代，“文革”入学使我们知识结构先天残缺但经历丰富使我们人文素养相对厚实，少年受骗于极“左”路线但成年后依然理想不灭，不是老三届但有老三届们多舛的命运和坚忍的品格，不是新生代但有新生代们开放的胸襟和年轻的心态，尴尬而不狼狈，遗憾而不惭愧，自豪而不狂妄，执著而不僵化，于漪们引领于前而年轻人激励于后，青春渐渐离去而激情依旧燃烧……